Nicolae Sfetcu

Limbajul de programare Python 3 pentru non-programatori

MultiMedia Publishing

București, 2025

Descrierea CIP a Bibliotecii Naţionale a României
SFETCU, NICOLAE
Limbajul de programare Python 3 pentru non-programatori / Nicolae Sfetcu. - Bucureşti : MultiMedia Publishing, 2025
Conţine bibliografie
ISBN 978-606-033-911-3

004

DOI: 10.58679/MM35133

MultiMedia Publishing
Bucureşti, 2025
Email: office@multimedia.com.ro
Tel. 0745 526 896

CUPRINS

DECLINARE DE RESPONSABILITATE

Având în vedere posibilitatea existenţei erorii umane sau modificării conceptelor ştiinţifice, nici autorul, nici editorul şi nicio altă parte implicată în pregătirea sau publicarea lucrării curente nu pot garanta în totalitate că toate aspectele sunt corecte, complete sau actuale, şi îşi declină orice responsabilitate pentru orice eroare ori omisiune sau pentru rezultatele obţinute din folosirea informaţiilor conţinute de această lucrare.

Cu excepţia cazurilor specificate în această carte, nici autorul sau editorul, nici alţi autori, contribuabili sau alţi reprezentanţi nu vor fi răspunzători pentru daunele rezultate din sau în legătură cu utilizarea acestei cărţi. Aceasta este o declinare cuprinzătoare a răspunderii care se aplică tuturor daunelor de orice fel, incluzând (fără limitare) compensatorii; daune directe, indirecte sau consecvente, inclusiv pentru terţe părţi.

Înţelegeţi că această carte nu intenţionează să înlocuiască consultarea cu un profesionist educaţional, juridic sau financiar licenţiat. Înainte de a o utiliza în orice mod, vă recomandăm să consultaţi un profesionist licenţiat pentru a vă asigura că faceţi ceea ce este mai bine pentru dvs.

Această carte oferă conţinut referitor la subiecte educaţionale. Utilizarea ei implică acceptarea acestei declinări de responsabilitate.

PREFAȚĂ

Bun venit la ghidul ”Limbajul de programare Python 3 pentru non-programatori”! Dacă ești nou în codificare și ai dorit întotdeauna să înveți cum să scrii programe, acest tutorial este pentru tine. Python este unul dintre cele mai prietenoase limbaje de programare pentru începători, cunoscut pentru simplitatea și lizibilitatea sa. Este utilizat pe scară largă în diverse domenii, inclusiv dezvoltarea web, analiza datelor, automatizarea, inteligența artificială și multe altele.

Acest ghid este conceput special pentru persoanele cu puțină sau deloc experiență de programare. Nu ai nevoie de cunoștințe în informatică sau matematică, ci doar de dorința de a învăța și de a explora. Te vom ghida pas cu pas, explicând concepte în termeni simpli, folosind exemple din lumea reală și oferind exerciții practice pentru a consolida ceea ce înveți.

Până la sfârșitul acestui tutorial, vei putea:

☑ Înțelege conceptele de bază de programare, cum ar fi variabile, bucle și funcții

☑ Scrie programe Python simple pentru a automatiza sarcini și pentru a rezolva probleme

☑ Citește și înțelege codul Python scris de alții

☑ Câștigi încredere în învățarea unor subiecte de programare mai avansate

De ce să alegi Python?

✓ Ușor de citit și de scris – sintaxa lui Python (reguli pentru scrierea codului) este similară cu limba engleză, făcându-l accesibil pentru începători.

✓ Versatil – Python este utilizat într-o gamă largă de aplicații, de la dezvoltarea web la învățarea automată.

✓ Comunitate mare și resurse – Există multe tutoriale, forumuri și biblioteci disponibile pentru a vă ajuta pe parcurs.

Ce vei avea nevoie? Pentru a începe, ai nevoie doar de:

1️⃣ Un computer (Windows, Mac sau Linux)

2️⃣ Python 3 instalat (Te vom ghida la configurare)

3️⃣ Un editor de text sau un mediu de dezvoltare integrat (IDE) precum VS Code, PyCharm sau IDLE

Nu există experiență anterioară de codare? Nicio problemă! Să ne aruncăm împreună în Python și să începem să scriem primele noastre linii de cod. 🚀

PYTHON 3: UN LIMBAJ DE PROGRAMARE PUTERNIC, VERSATIL ȘI ACCESIBIL

Python a devenit unul dintre cele mai populare și utilizate limbaje de programare din lume, celebru pentru lizibilitatea, suportul comunității și diversele domenii de aplicație. Simplitatea și curba de învățare abordabilă atrag începătorii, în timp ce capabilitățile și bibliotecile sale extinse atrag profesioniștii experimentați. Python 3 este cea mai recentă versiune majoră a acestui limbaj, oferind dezvoltatorilor funcții îmbunătățite, sintaxă mai curată și paradigme de programare moderne care continuă să modeleze peisajul tehnologic.

O SCURTĂ ISTORIE A LUI PYTHON

Python a fost conceput la sfârșitul anilor 1980 de Guido van Rossum la Institutul Național de Cercetare pentru Matematică și Informatică (CWI) din Țările de Jos. Prima lansare publică a avut loc în 1991. Van Rossum și-a propus să creeze un limbaj cu o sintaxă mai simplă, mai accesibilă, influențată de limbaje precum ABC, oferind în același timp multă putere pentru sarcinile avansate de inginerie software.

Conceput inițial pentru a încuraja lizibilitatea și a reduce complexitatea codului, Python a îmbrățișat claritatea și simplitatea în centrul său. De-a lungul timpului, limbajul a evoluat prin diverse versiuni. La începutul anilor 2000, Python se răspândise cu mult dincolo de mediile de cercetare academică. Atunci, creatorul limbajului a început să lucreze la ceea ce avea să devină Python 3 - o versiune menită să îmbunătățească unele dintre defectele de design care s-au strecurat de-a lungul timpului, în special ciudățeniile de compatibilitate inversă din Python 2.

TRANZIȚIA DE LA PYTHON 2 LA PYTHON 3

Nevoia de Python 3

Python 2.7, ultima versiune majoră a Python 2, a fost retrasă la 1 ianuarie 2020. Până în acel moment, dezvoltatorii au ezitat adesea să facă upgrade la proiecte mari și complexe, deoarece Python 3 a introdus mai multe modificări profunde. Cu toate acestea, Python 3 a fost conceput pentru a rezolva multe probleme vechi, pentru a rafina coerența limbajului și pentru a încorpora caracteristici moderne. Astăzi, Python 3 este versiunea recomandată, primind toate actualizările de caracteristici noi, remedieri de erori și corecții de securitate.

Diferențele cheie

1. Suport Unicode

Una dintre cele mai semnificative îmbunătățiri este utilizarea implicită a Unicode de către Python 3 pentru șiruri. Spre deosebire de Python 2, care a separat șirurile în str bazate pe ASCII și tipuri Unicode bazate pe Unicode, tipul str al lui Python 3 este Unicode în mod implicit, făcând mai ușor să lucrezi cu text internațional și diverse codificări de caractere.

2. Funcția de imprimare

În Python 2, print era o declarație (de exemplu, print „Hello World"). Python 3 l-a transformat într-o funcție care necesită paranteze (de exemplu, print(„Hello World")). Această mică schimbare deschide calea pentru o sintaxă mai consistentă și un comportament asemănător unei funcții.

3. Diviziunea întregului

În Python 2, împărțirea a două numere întregi ar urma implicit la împărțirea etajului (trunchiindu-se spre infinit negativ), potențial surprinzându-i pe noii veniți care se așteaptă la rezultate în virgulă mobilă. În Python 3, operatorul / produce diviziunea în virgulă mobilă în mod implicit, în timp ce // este folosit pentru divizarea nivelului - creând un cod mai clar și mai explicit.

4. Reorganizarea bibliotecii

Unele module au fost redenumite sau reorganizate, necesitând actualizări ale declarațiilor de import. De exemplu, unele biblioteci din modulele Tkinter sau urllib ale Python 2 au fost consolidate sau redenumite în Python 3 pentru a clarifica utilizarea lor.

5. Eliminarea caracteristicilor redundante

Python 3 a eliminat funcțiile învechite sau utilizate rar, cum ar fi clasele de stil vechi din Python 2. Acest lucru ajută la eficientizarea limbajului și la unificarea dezvoltării bazate pe clase.

SINTAXA PYTHON 3 ȘI CARACTERISTICILE CHEIE

Lizibilitate și simplitate

Lizibilitatea codului Python este una dintre caracteristicile semnăturii sale. Indentarea servește ca parte a sintaxei, asigurând că blocurile de cod sunt clare vizual. În plus, sintaxa lui Python evită constructele verbose, concentrându-se pe expresii simple. Această alegere de design face adesea codul Python concis și ușor de citit în comparație cu alte limbi.

Tastare dinamică

Python este scris dinamic, ceea ce înseamnă că tipurile de variabile sunt determinate în timpul execuției, mai degrabă decât declarate în avans. Acest lucru îi ajută pe dezvoltatori să prototipeze rapid, dar necesită și o analiză atentă a utilizării tipului pentru a preveni erorile de rulare. Practicile moderne Python încorporează adesea indicii de tip (PEP 484) pentru a îmbunătăți lizibilitatea și a reduce erorile în proiecte mai mari. De exemplu:

```
def greet(name: str) -> str:
    return f"Hello, {name}!"
```

Deşi aceste sugestii de tip nu impun scrierea strictă în acelaşi mod ca limbajele tip static, ele oferă îndrumări utile dezvoltatorilor şi instrumentelor precum linters sau IDE-uri.

Bibliotecă standard puternică

Unul dintre cele mai mari avantaje ale lui Python este biblioteca sa standard cuprinzătoare, adesea numită „baterii incluse". Acesta acoperă o gamă largă de cazuri de utilizare, de la manipularea datelor la manipularea fişierelor, reţele la multiprocesare şi multe altele. Această acoperire extinsă permite dezvoltatorilor să creeze aplicaţii puternice şi complexe fără a se baza pe prea multe dependenţe externe.

Ecosistem bogat de biblioteci şi cadre

Dincolo de biblioteca standard, Python 3 beneficiază de un ecosistem înfloritor menţinut pe Python Package Index (PyPI). Indiferent dacă trebuie să construiţi o aplicaţie web, să analizaţi date sau să prototipaţi un model de învăţare automată, există o bibliotecă sau un cadru Python gata să vă ajute. Opţiunile populare includ:

- **Cadre web**: Django, Flask, FastAPI, Pyramid
- **Analiza şi vizualizarea datelor**: NumPy, panda, Matplotlib, seaborn
- **Învăţare automată şi IA**: TensorFlow, PyTorch, scikit-learn
- **Automatizare şi scriptare**: solicitări, supă frumoasă, seleniu

Suport multiplatformă

Python 3 rulează pe aproape toate sistemele de operare majore, inclusiv Windows, macOS şi Linux. Această compatibilitate între platforme, combinată cu capacitatea de a se integra cu uşurinţă cu alte limbaje precum C sau C++, face din Python o alegere extrem de portabilă pentru echipele de dezvoltare.

Modelul comunitar şi de dezvoltare

Python Software Foundation (PSF) este organizația non-profit din spatele dezvoltării Python. Sponsorizarea și modelul său condus de comunitate asigură transparența și luarea deciziilor democratice. Propunerile de modificare sau de noi funcții apar în Propunerile de îmbunătățire Python (PEP). Acest model de guvernare deschisă oferă o foaie de parcurs stabilă și robustă pentru viitorul limbii.

CAZURI DE UTILIZARE COMUNE ALE LUI PYTHON 3

Știința datelor și analitica

Python 3 este un element de bază în știința datelor și analitica. Bibliotecile sale eficiente, cum ar fi NumPy și panda, gestionează seturi de date mari, în timp ce bibliotecile de vizualizare a datelor, cum ar fi Matplotlib sau Plotly, transformă rezultatele în diagrame convingătoare. Notebook-urile Jupyter, cuplate cu Python, permit oamenilor de știință să exploreze și să vizualizeze datele în mod interactiv într-un mediu bazat pe web, favorizând colaborarea și reproductibilitatea.

Învățare automată și inteligență artificială

Cercetarea AI modernă a adoptat Python ca limbaj principal datorită cadrelor precum TensorFlow, PyTorch și scikit-learn. Aceste biblioteci oferă algoritmi pre-construiți și calcul accelerat de GPU pentru antrenarea rapidă a modelelor complexe, de la rețele neuronale la arbori de decizie. În combinație cu sintaxa curată a lui Python, oamenii de știință de date se pot concentra pe proiectarea modelului și pe iterație, mai degrabă decât pe detalii de codare de nivel scăzut.

Dezvoltare Web

Python alimentează multe site-uri web și servicii populare prin cadre precum Django și Flask. Django, un cadru cu funcții complete, se ocupă de sarcini precum gestionarea bazelor de date, autentificarea utilizatorilor şi crearea de şabloane. Flask, pe de altă parte, este o alternativă uşoară care oferă mai multă flexibilitate pentru aplicaţii mai mici sau mai specializate. Având în vedere ecosistemul robust al lui Python 3, dezvoltatorii pot integra stocarea în cache, securitatea şi gestionarea API-ului RESTful cu relativă uşurinţă.

Automatizare şi scriptare

Natura interpretativă a lui Python, combinată cu sintaxa sa curată, îl face ideal pentru scriptare şi automatizare. Utilizatorii pot scrie scripturi mici pentru a automatiza sarcini precum operaţiuni cu fişiere, scraping web, transformări de date sau întreţinere a sistemului. Datorită gestionării Unicode îmbunătăţite de Python 3, aceste scripturi pot procesa în mod fiabil fişierele în diferite limbi sau codificări, asigurând automatizări precise şi care pot fi întreţinute.

Calcul ştiinţific

Python 3 este profund integrat în calculul ştiinţific. Cercetătorii din domenii variind de la fizică la genomică se bazează pe biblioteci ştiinţifice pentru modelare avansată, simulare şi analiza datelor. Instrumente precum SciPy oferă module specializate pentru statistici, procesare a semnalului, procesare a imaginilor şi multe altele. Capacitatea limbajului de a interfaţa cu bibliotecile C/C++ contribuie, de asemenea, la scenarii de calcul de înaltă performanţă.

DE CE PYTHON 3 RĂMÂNE POPULAR

Simplitate pentru începători

Curba blândă de învăţare a lui Python îl deosebeşte de alte limbaje, făcându-l o recomandare de top pentru programatorii începători. Accentul său pe lizibilitate şi mai puţine distrageri sintactice permite achiziţionarea şi aplicarea mai rapidă a conceptului.

Amploarea bibliotecilor

A avea mii de biblioteci ușor disponibile înseamnă timp de dezvoltare redus. De la seturi de instrumente sofisticate pentru știința datelor la cadre web avansate, ecosistemul Python se adresează unei game largi de nevoi software.

Comunitate activă

Python se mândrește cu o comunitate puternică, globală. Nenumărate tutoriale, forumuri online și întâlniri locale ajută utilizatorii să rezolve problemele și să învețe unii de la alții. Această coloană vertebrală a comunității face din Python o alegere de limbă durabilă atât pentru persoane fizice, cât și pentru companii.

Viabilitatea pe termen lung

Fiind una dintre limbile cu cea mai rapidă creștere, Python rămâne relevant și modern. Acesta vede o utilizare pe scară largă în mediul academic, cercetare, startup-uri și întreprinderi mari. Actualizările continue ale Python Software Foundation asigură că limbajul rămâne la curent cu tehnologiile emergente.

Sintaxă curată și productivitate

Codul Python necesită adesea mai puține linii pentru a îndeplini sarcini decât limbaje precum C++ sau Java. Această concizie nu numai că îmbunătățește productivitatea, dar reduce probabilitatea anumitor categorii de erori.

CONCLUZIE

Proeminența lui Python 3 și ecosistemul expansiv îl fac un limbaj de bază în aproape fiecare colț al dezvoltării software. De la începătorii care își scriu primele programe până la giganții din industrie care alimentează aplicații bazate pe date, Python 3 atinge un echilibru impresionant de lizibilitate, versatilitate şi performanţă. Pe măsură ce versiuni şi funcţii mai noi continuă să fie lansate, Python 3 rămâne pregătit să răspundă nevoilor în evoluţie ale dezvoltatorilor în domenii precum ştiinţa datelor, inteligenţa artificială, dezvoltarea web şi nu numai.

Indiferent dacă automatizezi o sarcină simplă sau construieşti o aplicaţie la scară largă, Python 3 îţi poate servi drept aliat puternic. Natura sa open-source, comunitatea primitoare şi multitudinea de resurse asigură că nou-veniţii găsesc un sprijin amplu, în timp ce experţii continuă să depăşească limitele a ceea ce este posibil cu acest limbaj iubit.

INTRODUCERE

Instalarea și utilizarea Python – de unde să obții ajutor

ÎN PRIMUL RÂND

Deci, nu ai mai programat niciodată. Pe măsură ce parcurgem acest tutorial, voi încerca să te învăț cum să programezi. Există într-adevăr o singură modalitate de a învăța să programezi. Trebuie să citești cod și să scrii cod (cum sunt adesea numite programele de calculator). Îți voi arăta o mulțime de coduri. Ar trebui să tastezi codul pe care ți-l arăt pentru a vedea ce se întâmplă. Joacă-te cu el și fă schimbări. Cel mai rău lucru care se poate întâmpla este că nu va funcționa. Când introduc codul va fi formatat astfel:

```
# Python este ușor de învățat
print("Hello, World!")
```

Așa că este ușor de distins de celălalt text. Dacă citești acest lucru pe Web, vei observa că codul este colorat -- asta doar pentru a-l scoate în evidență și pentru a face diferitele părți ale codului să iasă în evidență unele de altele. Codul pe care îl introduci probabil nu va fi colorat sau culorile pot fi diferite, dar nu va afecta codul atâta timp cât îl introduci în același mod în care este scris aici.

Dacă computerul imprimă ceva, acesta va fi formatat astfel:

```
Hello, World!
```

(Reține că textul tipărit apare pe ecran și nu implică hârtie. Înainte de a exista ecrane cuplate cu computerele, rezultatele programelor de calculator erau tipărite pe hârtie.)

Reține că acesta este un tutorial Python 3, ceea ce înseamnă că majoritatea exemplelor nu vor funcționa în Python 2.7 și versiunile mai vechi. De asemenea, toate bibliotecile suplimentare Python 2.7 (biblioteci terțe) au fost convertite în Python 3, cu excepția unui număr mic. Diferențele dintre Python 2 și 3 nu sunt deosebit de mari, așa că dacă înveți unul, ar trebui să poți citi programele scrise pentru celălalt fără prea multe dificultăți.

Va exista adesea un amestec de text pe care îl tastezi (care este afișat cu caractere **aldine**) și textul pe care programul îl imprimă pe ecran, care ar arăta astfel:

```
Halt!
Who Goes there? Josh
You may pass, Josh
```

(O parte din tutorial nu a fost convertit în acest format. Îl poți converti când îl găsești.)

De asemenea, îți voi prezenta terminologia programării - de exemplu, programarea este adesea denumită *codare* sau *hacking*. Acest lucru nu numai că te va ajuta să înțelegi despre ce vorbesc programatorii, ci și procesul de învățare.

Acum, trec la lucruri mai importante. Pentru a programa în Python ai nevoie de software-ul Python 3. Dacă nu ai deja software-ul Python, accesează https://www.python.org/downloads/ și obține versiunea potrivită pentru platforma ta. Descărcați-l, citește instrucțiunile și instalează-l.

INSTALAREA PYTHON

Pentru programarea Python ai nevoie de o instalare Python funcțională și de un editor de text. Python vine cu propriul editor, *IDLE*, care este destul de frumos și absolut suficient pentru început. Pe măsură ce avansezi în programare, probabil că vei trece la un alt editor, cum ar fi `nano`, `emacs`, `vi` sau altul.

Pagina de descărcare Python este https://www.python.org/downloads/. Cea mai recentă versiune este Python 3.13 (începând din octombrie 2024); **Python 2.7 și versiunile mai vechi nu vor funcționa cu acest**

tutorial. Există diferite fişiere de instalare pentru diferite platforme de computer disponibile pe site-ul de descărcare. Iată câteva instrucţiuni specifice pentru cele mai comune sisteme de operare:

Utilizatori Linux, BSD şi Unix

Probabil că eşti norocos şi Python este deja instalat pe computerul tău. Pentru a-l testa, tastează `python3` pe o linie de comandă. Dacă vezi ceva de genul celor prezentate în secţiunea următoare, este setat.

IDLE poate fi necesar să fie instalat separat, din propriul pachet, cum ar fi `idle3` sau ca parte a `python-tools`.

Dacă trebuie să instalezi Python, încearcă mai întâi să utilizezi managerul de pachete al sistemului de operare sau accesează depozitul în care sunt disponibile pachetele şi obţine Python 3. Python 3.0 a fost lansat în decembrie 2008; toate distribuţiile ar trebui să aibă Python 3 disponibil, deci este posibil să nu fie nevoie să îl compilezi de la zero. Ubuntu şi Fedora au pachete binare Python 3 disponibile, dar nu sunt încă implicite, aşa că trebuie instalate special.

Aproximativ, iată paşii pentru a compila Python din codul sursă în Unix (dacă acestea nu au sens, poate doriţi să citiţi o altă introducere la *nix, cum ar fi Introduction to Linux):

- Descarcă fişierul .tgz (utilizează browserul Web pentru a obţine fişierul targzip de la https://www.python.org/ftp/python/3.7.4/Python-3.7.4.tgz)
- Decomprimă fişierul tar (pune calea corectă de unde l-ai descărcat):

```
$ tar -xvzf ~/Download/Python-3.7.4.tgz
... lista de fişiere deoarece acestea sunt
necomprimate
```

- Trece la director şi spune computerului să compileze şi să instaleze programul

```
$ cd Python-3.7/
$ ./configure --prefix=$HOME/python3_install
 ... multe ieşiri. Urmăriţi mesajele de eroare
aici...
$ make
```

```
... şi mai multe ieşiri. Sper sa nu fie mesaje de
eroare...
$ make install
```

- Adaugă Python 3 la calea ta. Poţi să-l testezi mai întâi specificând calea completă. Ar trebui să adaugi *$HOME/python3_install/bin* la variabila bash *PATH.*

```
$ ~/python3_install/bin/python3
Python 3.7.4 (... informaţii despre dimensiune şi
dată ...)
[GCC 9.1.0] on linux
Scrie "help", "copyright", "credits" sau "license"
pentru mai multe informaţii.
>>>
```

Comenzile de mai sus vor instala Python 3 în directorul tău *home*, ceea ce este probabil ceea ce doreşti, dar dacă omiţi `--prefix=$HOME/python3_install`, îl va instala în `/usr/local`. Dacă doreşti să utilizezi editorul de coduri grafice IDLE, trebuie să te asiguri că bibliotecile `tk` şi `tcl`, împreună cu fişierele lor de dezvoltare, sunt instalate pe sistem. Vei primi un avertisment în timpul fazei `make`, dacă acestea nu sunt disponibile.

Utilizatori de Mac

Pornind de la Mac OS X Tiger (10.4), versiunile Python 2 sunt livrate în mod implicit cu sistemul de operare, dar va trebui să instalezi şi Python 3, cu excepţia cazului în care Mac OS începe să includă Python 3 (verifică versiunea pornind `python3` într-un terminal din linia de comandă). De asemenea, IDLE (editorul Python) ar putea lipsi în instalarea standard. Dacă doreşti să (re) instalezi Python, obţine programul de instalare Mac OS de pe site-ul de descărcare Python.

Utilizatori Windows

Descarcă programul de instalare Windows adecvat (programul de instalare x86 MSI, dacă nu ai un cip AMD pe 64 de biţi sau Intel).

Pornește programul de instalare făcând dublu clic pe acesta și urmează instrucțiunile.

Consultă https://docs.python.org/3/using/windows.html#installing-python pentru mai multe informații.

Există șanse mari să ai deja Python instalat în sistemul tău de operare.

Dacă da, nu este nevoie să instalați sau să configurezi altceva pentru a utiliza Python. Acestea fiind spuse, recomand cu tărie să instalezi instrumentele și bibliotecile descrise în ghidurile de mai jos înainte de a începe să creezi aplicații Python pentru utilizare în lumea reală. În special, ar trebui să instalezi întotdeauna Setuptools, Pip și Virtualenv – acestea fac mult mai ușor de utilizat alte biblioteci Python terțe.

Configurarea variabilei de mediu PATH

Variabila de mediu PATH este o listă de foldere, separate prin punct și virgulă, în care Windows va căuta un program ori de câte ori încercați să executați unul prin tastarea numelui său la o linie de comandă. Puteți vedea valoarea curentă a PATH-ului dvs. tastând această comandă la o linie de comandă:

```
echo %PATH%
```

Cel mai simplu mod de a schimba permanent variabilele de mediu este să deschideți editorul de variabile de mediu încorporat în Windows. Modul în care ajungeți la acest editor este ușor diferit în diferite versiuni de Windows.

Pe **Windows 8** sau **Windows 10**: Apăsați tasta *Windows* și tastați *Control Panel* pentru a localiza Panoul de control Windows. După ce ați deschis Panoul de control, selectați *View by: Large Icons*, apoi faceți clic pe *System*. În fereastra care apare, faceți clic pe linkul *Advanced System Settings*, apoi faceți clic pe butonul *Environment Variables ...*

Pe **Windows 7** sau **Vista**: Faceți clic pe butonul *Start* din colțul din stânga jos al ecranului, mutați mouse-ul peste *Computer*, faceți clic dreapta și selectați *Properties* din meniul pop-up. Faceți clic pe linkul *Advanced System Settings* , apoi faceți clic pe butonul *Environment Variables ...*

După ce ați lansat editorul de variabile de mediu, veți face același lucru indiferent de versiunea de Windows pe care o rulați. Sub *System*

Variables din jumătatea de jos a editorului, găsiți o variabilă numită PATH. Dacă există una, selectați-o și faceți clic pe *Edit*.... Presupunând că rădăcina dvs. Python este C:\Python37, adăugați aceste două foldere la calea dvs. (și asigurați-vă că aveți punctele și virgulele corect; ar trebui să existe un punct și virgulă între fiecare folder în listă):

```
C:\Python37
C:\Python37\Scripts
```

Notă: Dacă doriți să faceți dublu clic și să porniți programele Python dintr-un folder Windows și să nu dispară fereastra consolei, puteți adăuga următorul cod în partea de jos a fiecărui script:

```
#stops console from exiting
end_prog = ""
while end_prog != "q":
        end_prog = input("type q to quit")
```

MODUL INTERACTIV

Accesați IDLE (numit și Python GUI). Ar trebui să vedeți o fereastră care are un astfel de text:

```
Python 3.0 (r30:67503, Dec 29 2008, 21:31:07)
[GCC 4.3.2 20081105 (Red Hat 4.3.2-7)] on linux2
Type "copyright", "credits" or "license()" for more
information.


***************************************************
*************
    Personal firewall software may warn about the
connection IDLE
    makes to its subprocess using this computer's
internal loopback
    interface.  This connection is not visible on
any external
    interface and no data is sent to or received
from the Internet.

***************************************************
*************
```

```
IDLE 3.0
>>>
```

>>> este modul Python de a vă spune că vă aflați în modul interactiv. În modul interactiv, ceea ce tastați este executat imediat. Încercați să tastați 1 + 1 in. Python va răspunde cu 2. Modul interactiv vă permite să testați și să vedeți ce va face Python. Dacă vreodată simțiți că trebuie să vă jucați cu noile instrucțiuni Python, intrați în modul interactiv și încercați-le.

CREAREA ȘI RULAREA PROGRAMELOR

Accesați IDLE dacă nu sunteți deja acolo. În meniul din partea de sus, selectați *File*, apoi *New File*. În noua fereastră care apare, tastați următoarele:

```
print("Hello, World!")
```

Acum salvați programul: selectați *File* din meniu, apoi *Save*. Salvați-l ca "hello.py" (îl puteți salva în orice folder doriți). Acum, că este salvat, poate fi rulat.

Apoi rulați programul mergând la *Run*, apoi *Run Module* (sau dacă aveți o versiune mai veche de IDLE, utilizați *Edit* apoi *Run script*). Acesta va afișa Hello, World! pe fereastra **Python Shell**.

Pentru o introducere mai detaliată a IDLE, un tutorial mai lung cu capturi de ecran poate fi găsit la http://hkn.eecs.berkeley.edu/~dyoo/python/idle_intro/index.html.

Numele fișierelor programului

Este foarte util să respectați câteva reguli referitoare la numele fișierelor programelor Python. În caz contrar, unele lucruri ar putea merge prost în mod neașteptat. Acestea nu contează la fel de mult pentru programe, dar puteți avea probleme ciudate dacă nu le urmați pentru numele modulelor.

1. Salvați întotdeauna programul cu extensia .py. Nu puneți alt punct nicăieri altundeva în numele fișierului.

2. Utilizați numai caractere standard pentru numele fișierelor: litere, cifre, liniuță (-) și subliniere (_).
3. Spațiul alb (" ") nu trebuie utilizat deloc (folosiți în schimb caractere de subliniere).
4. Nu utilizați altceva decât o literă (în special fără numere!) la începutul unui nume de fișier.
5. Nu utilizați caractere „non-englezești" (diacritice) (cum ar fi å, ɓ, ç, ð, é, õ, ü) în numele fișierelor – sau, chiar mai bine, nu le utilizați deloc la programare.
6. Nu utilizați nume de module pentru nume de fișiere (cum ar fi print.py, math.py, list.py)

FOLOSIREA LUI PYTHON DIN LINIA DE COMANDĂ

Dacă nu doriți să utilizați Python din linia de comandă, nu trebuie să utilizați această posibilitate, utilizați doar IDLE. Pentru a intra în modul interactiv, tastați python3 fără niciun argument. Pentru a rula un program, creați-l cu un editor de text (Emacs are un mod Python bun) și apoi rulați-l cu python3 *program_name*.

Rularea programelor Python în *nix

Dacă utilizați Unix (cum ar fi Linux, Mac OS sau BSD), dacă faceți programul executabil cu chmod și aveți ca primă linie:

```
#!/usr/bin/env python3
```

puteți rula programul python cu ./hello.py ca orice altă comandă.

UNDE SĂ OBȚINEȚI AJUTOR

La un moment dat în lucrul dvs. cu Python, probabil că veți rămâne blocat și nu veți avea nicio idee despre cum să rezolvați problema la care ar trebui să lucrați. Acest tutorial acoperă doar elementele de bază ale programării Python, dar există o mulțime de informații suplimentare disponibile.

Documentație Python

În primul rând, Python este foarte bine documentat. S-ar putea chiar să existe copii ale acestor documente pe computerul dvs. care au venit odată cu instalarea Python:

- Tutorialul oficial Python 3 de Guido van Rossum este adesea un bun punct de plecare pentru întrebări generale.
- Pentru întrebări despre modulele standard, Referința bibliotecii Python 3 este locul ideal.
- Dacă doriți cu adevărat să aflați ceva despre detaliile limbajului, Manualul de referință Python 3 este cuprinzător, dar destul de complex pentru începători.

Comunitatea de utilizatori Python

Există mulți alți utilizatori Python acolo și, de obicei, sunt drăguți și dispuși să vă ajute. Această comunitate de utilizatori foarte activă este organizată în principal prin liste de e-mail și un grup de știri:

- Lista de discuții tutor este destinată persoanelor care doresc să pună întrebări cu privire la modul de învățare a programării computerizate cu limbajul Python.
- Lista de discuții pentru ajutor python este zona de asistență a lui python.org. Puteți pune întrebări unui grup de voluntari cu cunoștințe despre toate problemele dvs. Python.
- Grupul de știri Python comp.lang.python (arhiva grupurilor Google) este locul pentru discuții generale Python, întrebări și punctul central de întâlnire al comunității.
- Python wiki are o listă de grupuri de utilizatori locali, vă puteți alătura listei de discuții a grupului și puteți pune întrebări. De asemenea, puteți participa la întâlnirile grupului de utilizatori.
- Grupul de la reddit LearnPython este o altă locație în care pot fi adresate întrebări la nivel de începător.

Pentru a nu reinventa roata și a discuta aceleași întrebări din nou și din nou, oamenii vor aprecia foarte mult dacă *faceți o căutare pe internet pentru o soluție la problema dvs. înainte de a contacta aceste liste*!

Utilizarea Python online

Dacă nu doriți să descărcați python sau utilizați un computer pe care nu puteți descărca programe, cum ar fi chromebook, puteți utiliza unul dintre multele editoare online de python disponibile.

HELLO, WORLD

Celebrul prim program - afișare pe ecran - variabile - numere și calcule

CE AR TREBUI SĂ ȘTIȚI

Odată ce ați citit și stăpânit acest capitol, ar trebui să știți cum să editați programe într-un editor de text sau IDLE, să le salvați pe hard disk și să le rulați după ce au fost salvate.

IMPRIMARE

Tutorialele de programare de la bun început au pornit cu un mic program numit „Hello, World!" Deci aici este:

```
print("Hello, World!")
```

Dacă utilizați linia de comandă pentru a rula programe, introduceți-o cu un editor de text, salvați-o ca hello.py și rulați-o cu python3 hello.py

În caz contrar, intrați în IDLE, creați o nouă fereastră și creați programul.

Când acest program este rulat, iată ce tipărește:

```
Hello, World!
```

Acum nu am de gând să vă spun asta de fiecare dată, dar când vă arăt un program vă recomand să-l introduceți și să îl rulați. Eu învăț mai bine când îl introduc, și probabil că e la fel și în cazul dvs.

Acum iată un program mai complicat:

```
print("Jack and Jill went up a hill")
```

```
print("to fetch a pail of water;")
print("Jack fell down, and broke his crown,")
print("and Jill came tumbling after.")
```

Când rulați acest program, se tipărește:

```
Jack and Jill went up a hill
to fetch a pail of water;
Jack fell down, and broke his crown,
and Jill came tumbling after.
```

Când computerul rulează acest program, vede mai întâi linia:

```
print("Jack and Jill went up a hill")
```

deci computerul tipărește:

```
Jack and Jill went up a hill
```

Apoi computerul coboară la următoarea linie și vede:

```
print("to fetch a pail of water;")
```

Deci computerul imprimă pe ecran:

```
to fetch a pail of water;
```

Computerul continuă să se uite la fiecare linie, urmează comanda și apoi trece la următoarea linie. Computerul continuă să ruleze comenzi până când ajunge la sfârșitul programului.

Terminologie

Acum este probabil un moment bun pentru a vă oferi o mică explicație a ceea ce se întâmplă - și puțină terminologie de programare.

Ceea ce făceam mai sus era să folosim o *funcție* numită print. Numele funcției - print - este urmat de paranteze care conțin zero sau mai multe *argumente*. Deci, în acest exemplu

```
print("Hello, World!")
```

există un singur *argument*, care este "Hello, World!". Rețineți că acest argument este un grup de caractere cuprins între ghilimele duble (""). Acesta este denumit în mod obișnuit *șir de caractere*, sau *șir*, pe scurt. Un alt exemplu de șir este "Jack and Jill went up a hill". Combinația dintre o funcție și paranteze cu argumente este un *apel de funcție*.

O funcție și argumentele sale sunt un tip de *declarație* pe care o are python, deci

```
print("Hello, World!")
```

este un exemplu de declarație. Practic, vă puteți gândi la o declarație ca la o singură linie dintr-un program.

Aceasta este probabil o terminologie mai mult decât suficientă pentru moment.

\n în imprimare

\n, sau linie nouă în tipărire aranjează șirurile după \n într-o nouă linie, este și un caracter de escape, iată un exemplu:

```
print("Hello, World!\nWhat should I do?")
```

Iată rezultatul:

```
Hello, World!
What should I do?
```

Poate fi folosit pentru a pune o mulțime de șiruri care ar trebui să fie pe linii diferite într-o singură instrucțiune de tipărire în loc să se facă mai multe instrucțiuni de tipărire.

De asemenea, instrucțiunea print folosește \n chiar dacă nu o utilizați, de exemplu:

```
print("Hello, World!")
```

este de fapt

```
print("Hello, World!\n")
```

Ei bine, există o diferență dacă o faci manual, dar python adaugă de fapt o linie nouă „de la sine" la sfârșitul șirului.

EXPRESII

Iată un alt program:

```
print("2 + 2 is", 2 + 2)
print("3 * 4 is", 3 * 4)
print("100 - 1 is", 100 - 1)
print("(33 + 2) / 5 + 11.5 is", (33 + 2) / 5 +
11.5)
```

Și iată *rezultatul* când programul este rulat:

```
2 + 2 is 4
3 * 4 is 12
100 - 1 is 99
(33 + 2) / 5 + 11.5 is 18.5
```

După cum puteți vedea, Python vă poate transforma computerul de o mie de dolari într-un calculator de cinci dolari.

Expresii aritmetice

În acest exemplu, funcția de imprimare este urmată de două argumente, fiecare dintre argumente fiind separat prin virgulă. Deci cu prima linie a programului

```
print("2 + 2 is", 2 + 2)
```

Primul argument este șirul "2 + 2 is", iar al doilea argument este *expresia aritmetică* 2 + 2, care este un tip de expresie.

Ceea ce este important de reținut este că un șir este tipărit așa cum este (fără ghilimelele duble incluse), dar o *expresie* este *evaluată* sau convertită la valoarea sa reală.

Python are șapte operații de bază pentru numere:

Operația	Simbol	Exemplu
Ridicarea la putere (exponențiere)	**	5 ** 2 == 25
Înmulțire	*	2 * 3 == 6
Împărțire	/	14 / 3 == 4.666666666666667
Împărțirea întregilor	//	14 // 3 == 4
Rest (modulo)	%	14 % 3 == 2
Adunare	+	1 + 2 == 3
Scădere	-	4 - 3 == 1

Observați că există două moduri de a face împărțirea, una care returnează zecimale care se repetă, și cealaltă care poate obține restul și numărul întreg. Ordinea operațiilor este aceeași ca la matematică:

- paranteze ()
- exponențierea **
- înmulțirea *, împărțirea /, împărțirea întregilor // și restul %
- adunarea + și scăderea -

Deci, folosiți parantezele pentru a vă structura formulele atunci când este necesar.

COMENTARII ÎN PYTHON

Adesea, în programare, faci ceva complicat și s-ar putea să nu-ți amintești în viitor ce ai făcut. Când se întâmplă acest lucru, programul ar trebui probabil comentat. Un comentariu este o notă pentru tine și pentru alți programatori care explică ce se întâmplă. De exemplu:

```
# Nu e chiar PI, dar o simulare credibilă
print(22 / 7)
```

din care rezultă:

```
3.14285714286
```

Observați că comentariul începe cu un hash: #. Comentariile sunt folosite pentru a comunica cu alții care citesc programul și cu viitorul tău sine pentru a clarifica ce este complicat.

Rețineți că orice text poate urma comentariului și că atunci când programul este rulat, textul de după # până la sfârșitul acelui rând este ignorat. # nu trebuie să fie la începutul unei linii noi:

```
# Ieșirea PI pe ecran
print(22 / 7) # Well, just a good approximation
```

EXEMPLE

Fiecare capitol (eventual) va conține exemple ale caracteristicilor de programare introduse în capitol. Ar trebui măcar să vă uitați peste ele și să vedeți dacă le înțelegeți. Dacă nu, poate doriți să le introduceți și să vedeți ce se întâmplă. Jucați-vă cu ele, modificați-le și vedeți ce se întâmplă.

Denmark.py

```
print("Something's rotten in the state of
Denmark.")
print("                    -- Shakespeare")
```

Ieșire:

```
Something's rotten in the state of Denmark.
                    -- Shakespeare
```

School.py

```
# Acest lucru nu este chiar adevărat în afara SUA
# și se bazează pe amintirile mele slabe din anii
mei mai tineri
print("Firstish Grade")
```

```
print("1 + 1 =", 1 + 1)
print("2 + 4 =", 2 + 4)
print("5 - 2 =", 5 - 2)
print()
print("Thirdish Grade")
print("243 - 23 =", 243 - 23)
print("12 * 4 =", 12 * 4)
print("12 / 3 =", 12 / 3)
print("13 / 3 =", 13 // 3, "R", 13 % 3)
print()
print("Junior High")
print("123.56 - 62.12 =", 123.56 - 62.12)
print("(4 + 3) * 2 =", (4 + 3) * 2)
print("4 + 3 * 2 =", 4 + 3 * 2)
print("3 ** 2 =", 3 ** 2)
```

Ieşire:

```
Firstish Grade
1 + 1 = 2
2 + 4 = 6
5 - 2 = 3

Thirdish Grade
243 - 23 = 220
12 * 4 = 48
12 / 3 = 4
13 / 3 = 4 R 1

Junior High
123.56 - 62.12 = 61.44
(4 + 3) * 2 = 14
4 + 3 * 2 = 10
3 ** 2 = 9
```

EXERCIŢII

1. Scrieţi un program care vă tipăreşte numele complet şi ziua de naştere ca şiruri separate.

2. Scrieţi un program care arată utilizarea tuturor celor 7 operaţii

aritmetice: ridicarea la putere (exponențierea) (**), înmulțirea (*), împărțirea (/) , împărțirea nuerelor întregi (//), restul (modulo) (%), adunarea (+) și scăderea (-)

Soluții

1.

```
print("Ada Lovelace", "born on", "November 27,
1852")
print("Albert Einstein", "born on", "14 March
1879")
print(("John Smith"), ("born on"), ("14 March
1879"))
```

2.

```
print("5**5 = ", 5**5)
print("6*7 = ", 6*7)
print("56/8 = ", 56/8)
print("14//6 = ", 14//6)
print("14%6 = ", 14%6)
print("5+6 = ", 5+6)
print("9-0 = ", 9-0)
```

CINE MERGE ACOLO?

Intrare interactivă – șiruri

INTRARE ȘI VARIABILE

Acum cred că este timpul pentru un program cu adevărat complicat. Iată-l:

```
print("Halt!")
user_input = input("Who goes there? ")
print("You may pass,", user_input)
```

Când **eu** l-am rulat, iată ce a arătat ecranul **meu**:

```
Halt!
Who goes there? Josh
You may pass, Josh
```

Notă: După rularea codului apăsând F5, shell-ul python va da numai rezultatul:

```
Halt!
Who goes there?
```

Trebuie să vă introduceți numele în shell-ul Python, apoi apăsați Enter pentru restul rezultatului.

Desigur, când rulați programul, ecranul dumneavoastră va arăta diferit din cauza instrucțiunii input(). Când ați rulat programul, probabil ați observat (ați rulat programul, nu?) cum a trebuit să vă introduceți numele și apoi să apăsați Enter. Apoi programul a mai tipărit ceva text și, de asemenea, numele tău. Acesta este un exemplu de intrare. Programul ajunge la un anumit punct și apoi așteaptă ca utilizatorul să introducă niște date pe care programul le poate folosi ulterior.

Desigur, obținerea de informații de la utilizator ar fi inutilă dacă nu am avea unde să punem acele informații, și aici intervin variabilele. În programul anterior user_input este o variabilă. Variabilele sunt ca o cutie care poate stoca anumite date. Iată un program pentru a afișa exemple de variabile:

```
a = 123.4
b23 = 'Spam'
first_name = "Bill"
b = 432
c = a + b
print("a + b is",c)
print("first_name is",first_name)
print("Sorted Parts, After Midnight or",b23)
```

Și iată rezultatul:

```
a + b is 555.4
first_name is Bill
Sorted Parts, After Midnight or Spam
```

Variabilele stochează date. Variabilele din programul de mai sus sunt a, b23, first_name, b, și c. Cele două tipuri de bază sunt *șiruri* și *numere*. Șirurile sunt o succesiune de litere, numere și alte caractere. În acest exemplu, b23 și first_name sunt variabile care stochează șiruri. Spam, Bill, a + b is, first_name is, și Sorted Parts, After Midnight or sunt șirurile din acest program. Caracterele sunt înconjurate de "or". Celălalt tip de variabile sunt numerele. Amintiți-vă că variabilele sunt folosite pentru a stoca o valoare, nu folosesc ghilimele (" și '). Dacă doriți să utilizați o valoare reală, trebuie să utilizați ghilimele.

```
value1 == Pim
value2 == "Pim"
```

Ambele arată la fel, dar în prima Python verifică dacă valoarea stocată în variabila value1 este aceeași cu valoarea stocată în *variabila* Pim. În a doua, Python verifică dacă șirul (literele reale P,i, și m) sunt aceleași ca în value2.

Atribuire

Deci, avem aceste casete numite variabile și, de asemenea, date care pot intra în variabilă. Computerul va vedea o linie precum first_name = "Bill" și o va citi ca „Pune șirul Bill în caseta (sau variabilă) first_name". Mai târziu vede afirmația c = a + b și o citește ca „puneți suma a + b sau 123.4 + 432 care este egală cu 555.4 în c". Partea dreaptă a instrucțiunii (a + b) este *evaluată* și rezultatul este stocat în variabila din partea stângă (c). Aceasta se numește *atribuire* și nu trebuie să confundați aici semnul egal al atribuirii (=) cu „egalitatea" în sens matematic (pentru asta va fi folosit == mai târziu).

Iată un alt exemplu de utilizare a variabilelor:

```
a = 1
print(a)
a = a + 1
print(a)
a = a * 2
print(a)
```

Și, desigur, iată rezultatul:

```
1
2
4
```

Chiar dacă aceeași variabilă apare pe ambele părți ale semnului egal (de exemplu, spam = spam), computerul o citește în continuare ca „Aflați mai întâi datele de stocat și apoi aflați unde se duc datele".

Încă un program înainte de a încheia acest capitol:

```
number = float(input("Type in a number: "))
integer = int(input("Type in an integer: "))
text = input("Type in a string: ")
print("number =", number)
print("number is a", type(number))
print("number * 2 =", number * 2)
print("integer =", integer)
print("integer is a", type(integer))
print("integer * 2 =", integer * 2)
```

```
print("text =", text)
print("text is a", type(text))
print("text * 2 =", text * 2)
```

Ieşirea pe care am primit-o a fost:

```
Type in a number: 12.34
Type in an integer: -3
Type in a string: Hello
number = 12.34
number is a <class 'float'>
number * 2 = 24.68
integer = -3
integer is a <class 'int'>
integer * 2 = -6
text = Hello
text is a <class 'str'>
text * 2 = HelloHello
```

Observaţi că number creat cu float(input()) ,int(input()) returnează un număr întreg, un număr fără virgulă zecimală, în timp ce text creat cu input() returnează un şir (poate fi scris ca str(input()), de asemenea). Când doriţi ca utilizatorul să introducă o zecimală, utilizaţi float(input()), dacă doriţi ca utilizatorul să introducă un număr întreg utilizaţi int(input()), dar dacă doriţi ca utilizatorul să introducă un şir, utilizaţi input().

A doua jumătate a programului foloseşte funcţia type() care spune ce tip este o variabilă. Numerele sunt de tip int sau float, care sunt prescurtarea pentru *integer* (întreg) şi, respectiv, *floating point* (virgulă mobilă) (folosite mai ales pentru numere zecimale). Şirurile de text sunt de tipul str, prescurtare pentru *string* (şir). Numerele întregi şi flotanţii pot fi lucrate prin funcţii matematice, şirurile nu. Observaţi cum atunci când Python înmulţeşte un număr cu un întreg, se întâmplă lucrul aşteptat. Cu toate acestea, atunci când un şir este înmulţit cu un număr întreg, rezultatul este că sunt produse mai multe copii ale şirului (de ex. text * 2 = HelloHello).

Operaţiile cu şiruri fac lucruri diferite faţă de operaţiile cu numere. De asemenea, unele operaţii funcţionează numai cu numere (atât numere întregi, cât şi numere în virgulă mobilă) şi vor da o eroare dacă este folosit un şir. Iată câteva exemple de mod interactiv pentru a arăta mai multe.

```
>>> print("This" + " " + "is" + " joined.")
This is joined.
>>> print("Ha, " * 5)
Ha, Ha, Ha, Ha, Ha,
>>> print("Ha, " * 5 + "ha!")
Ha, Ha, Ha, Ha, Ha, ha!
>>> print(3 - 1)
2
>>> print("3" - "1")
Traceback (most recent call last):
  File "<stdin>", line 1, in <module>
TypeError: unsupported operand type(s) for -: 'str'
and 'str'
>>>
```

Iată lista unor operații cu şir:

Operația	**Simbol**	**Exemplu**
Repetiție	*	"i" * 5 == "iiiii"
Concatenare	+	"Hello, " + "World!" == "Hello, World!"

EXEMPLE

Rate_times.py

```
# Acest program calculează probleme de rată și
distanță
print("Input a rate and a distance")
rate = float(input("Rate: "))
distance = float(input("Distance: "))
time=(distance/ rate)
print("Time:", time)
```

Exemple de rulări:

```
Input a rate and a distance
Rate: 5
Distance: 10
```

```
Time: 2.0

Input a rate and a distance
Rate: 3.52
Distance: 45.6
Time: 12.9545454545
```

Area.py

```
# This program calculates the perimeter and area of
a rectangle
print("Calculate information about a rectangle")
length = float(input("Length: "))
width = float(input("Width: "))
Perimeter=(2 * length + 2 * width)
print("Area:", length * width)
print("Perimeter:",Perimeter)
```

Exemple de rulări:

```
Calculate information about a rectangle
Length: 4
Width: 3
Area: 12.0
Perimeter: 14.0

Calculate information about a rectangle
Length: 2.53
Width: 5.2
Area: 13.156
Perimeter: 15.46
```

Temperature.py

```
# This program converts Fahrenheit to Celsius
fahr_temp = float(input("Fahrenheit temperature:
"))
```

```
celc_temp = (fahr_temp - 32.0) *( 5.0 / 9.0)
print("Celsius temperature:", celc_temp)
```

Exemple de rulări:

```
Fahrenheit temperature: 32
Celsius temperature: 0.0

Fahrenheit temperature: -40
Celsius temperature: -40.0

Fahrenheit temperature: 212
Celsius temperature: 100.0

Fahrenheit temperature: 98.6
Celsius temperature: 37.0
```

EXERCIȚII

Scrieți un program care primește 2 variabile șir și 2 variabile numerice de la utilizator, le concatenează (le unește fără spații) și afișează șirurile, apoi înmulțește cele două numere pe o nouă linie.

Soluție

```
string1 = input('String 1: ')
string2 = input('String 2: ')
float1 = float(input('Number 1: '))
float2 = float(input('Number 2: '))
print(string1 + string2)
print(float1 * float2)
```

NUMĂRAREA PÂNĂ LA 10

Buclele while

BUCLA WHILE

Vă prezentăm prima noastră *structură de control*. De obicei, computerul începe cu prima linie și apoi coboară de acolo. Structurile de control modifică ordinea în care sunt executate instrucțiunile sau decid dacă o anumită instrucțiune va fi rulată. Iată sursa unui program care utilizează structura de control while:

```
a = 0               # FIRST, set the initial value of
the variable a to 0(zero).
while a < 10:       # While the value of the variable
a is less than 10 do the following:
    a = a + 1       # Increase the value of the
variable a by 1, as in: a = a + 1!
    print(a)        # Print to screen what the present
value of the variable a is.
                    # REPEAT! until the value of the
variable a is equal to 9!? See note.

                    # NOTE:
                    # The value of the variable a will
increase by 1
                    # with each repeat, or loop of the
'while statement BLOCK'.
                    # e.g. a = 1 then a = 2 then a = 3
etc. until a = 9 then...
                    # the code will finish adding 1 to
a (now a = 10), printing the
                    # result, and then exiting the
'while statement BLOCK'.
                    #              --
```

```
                    # While a < 10: |
                    #     a = a + 1 |<--[ The while
statement BLOCK ]
                    #     print (a) |
                    #               --
```

Și iată rezultatul extrem de interesant:

```
1
2
3
4
5
6
7
8
9
10
```

(Și ați crezut că nu se poate mai rău după ce v-ați transformat computerul într-un calculator de cinci dolari?)

Deci, ce face programul? Mai întâi vede linia a = 0 și setează a la zero. Apoi vede while a < 10: și astfel computerul verifică dacă a < 10. Prima dată când computerul vede această afirmație, a este zero, deci este mai mic decât 10. Cu alte cuvinte, atâta timp cât a este mai mic de zece, computerul va rula filele în declarații. Acest lucru în cele din urmă face a egal cu zece (prin adăugarea de unu la a din nou și din nou) și cât timp a < 10 nu mai este adevărat. Ajungând în acel punct, programul va opri rularea liniilor indentate.

Nu uitați întotdeauna să puneți două puncte ":" la sfârșitul liniei de instrucțiune while!

Iată un alt exemplu de utilizare a lui while:

```
a = 1
s = 0
print('Enter Numbers to add to the sum.')
print('Enter 0 to quit.')
while a != 0:
    print('Current Sum:', s)
    a = float(input('Number? '))
    s = s + a
```

```
print('Total Sum =', s)
```

```
Enter Numbers to add to the sum.
Enter 0 to quit.
Current Sum: 0
Number? 200
Current Sum: 200.0
Number? -15.25
Current Sum: 184.75
Number? -151.85
Current Sum: 32.9
Number? 10.00
Current Sum: 42.9
Number? 0
Total Sum = 42.9
```

Observați cum print('Total Sum =', s) este rulat doar la sfârșit. Instrucțiunea while afectează numai liniile care sunt indentate cu spații albe. != înseamnă nu este egal, deci while a != 0: înseamnă, atâta timp cât a nu este zero, rulați instrucțiunile cu file care urmează.

Rețineți că a este un număr în virgulă mobilă și nu toate numerele în virgulă mobilă pot fi reprezentate cu acuratețe, așa că utilizarea lui != pe ele nu poate funcționa uneori. Încercați să introduceți 1.1 în modul interactiv.

Bucle infinite sau buclă fără sfârșit

Acum că avem bucle while, este posibil să avem programe care rulează pentru totdeauna. O modalitate ușoară de a face acest lucru este să scrieți un program ca acesta:

```
while 1 == 1:
    print("Help, I'm stuck in a loop.")
```

Operatorul "==" este folosit pentru a testa egalitatea expresiilor de pe cele două părți ale operatorului, la fel cum "<" a fost folosit pentru „mai puțin decât" înainte (veți obține o listă completă a tuturor operatorilor de comparație în capitolul următor).

Acest program va obține Help, I'm stuck in a loop. până la moartea termică a universului, sau îl oprești, pentru că 1 va fi totdeauna egal cu 1. Modul de a-l opri este să apeși butonul Control (sau *Ctrl*) și C (litera) în același timp. Acest lucru va ucide programul. (Notă: uneori va trebui să apăsați enter după Control-C.) Pe unele sisteme, nimic nu îl va opri, cu excepția uciderii procesului - așa că evitați!

EXEMPLE

Secvența Fibonacci

Fibonacci-metoda1.py

```
# Acest program calculează șirul lui Fibonacci a =
0
b = 1
count = 0
max_count = 20

while count < max_count:
    count = count + 1
    print(a, end=" ")  # Notice the magic end=" "
in the print function arguments
                       # that keeps it from
creating a new line.
    old_a = a     # we need to keep track of a since
we change it.
    a = b
    b = old_a + b
print()  # gets a new (empty) line.
```

Ieșire:

```
0 1 1 2 3 5 8 13 21 34 55 89 144 233 377 610 987
1597 2584 4181
```

Rețineți că rezultatul este pe o singură linie din cauza argumentului suplimentar end=" " din argumentele de tipărire.

Fibonacci-method2.py

```
# Metodă simplificată și mai rapidă de calculare a
succesiunii Fibonacci
a = 0
b = 1
count = 0
max_count = 10

while count < max_count:
    count = count + 1
    print(a, b, end=" ")  # Notice the magic end="
"
    a = a + b
    b = a + b
print()  # gets a new (empty) line.
```

Ieșire:

```
0 1 1 2 3 5 8 13 21 34 55 89 144 233 377 610 987
1597 2584 4181
```

Fibonacci-method3.py

```
a = 0
b = 1
count = 0
maxcount = 20

#once loop is started we stay in it
while count < maxcount:
    count += 1
    olda = a
    a = a + b
    b = olda
    print(olda,end=" ")
print()
```

Ieșire:

```
0 1 1 2 3 5 8 13 21 34 55 89 144 233 377 610 987
1597 2584 4181
```

Introdu parola

Password.py

```
# Așteaptă până când a fost introdusă parola.
Folosește Control-C pentru a ieși fără
# parolă

# Rețineți că aceasta nu trebuie să fie parola,
astfel încât
# bucla while rulează cel puțin o dată.
password = str()

# note that != means not equal
while password != "unicorn":
    password = input("Password: ")
print("Welcome in")
```

Exemplu de rulare:

```
Password: auo
Password: y22
Password: password
Password: open sesame
Password: unicorn
Welcome in
```

EXERCIȚII

Scrieți un program care să solicite utilizatorului un nume de conectare și o parolă. Atunci, când cineva scrie „lock", să-și introducă numele și parola pentru a debloca programul.

Soluție:

```
name = input("What is your UserName: ")
```

```
password = input("What is your Password: ")
print("To lock your computer type lock.")
command = None
input1 = None
input2 = None
while command != "lock":
    command = input("What is your command: ")
while input1 != name:
    input1 = input("What is your username: ")
while input2 != password:
    input2 = input("What is your password: ")
print("Welcome back to your system!")
```

Dacă doriți ca programul să ruleze continuu, adăugați doar o buclă `while 1 == 1:` în jurul întregului lucru. Va trebui să indentați restul programului atunci când adăugați acest lucru în partea de sus a codului, dar nu vă faceți griji, nu trebuie să o faceți manual pentru fiecare linie! Doar evidențiați tot ceea ce doriți să indentați și faceți clic pe „Indent" sub „Format" în bara de sus a ferestrei Python.

Un alt mod de a face acest lucru ar putea fi:

```
name = input('Set name: ')
password = input('Set password: ')
while 1 == 1:
    nameguess=""
    passwordguess=""
    key=""
    while (nameguess != name) or (passwordguess !=
password):
        nameguess = input('Name? ')
        passwordguess = input('Password? ')
    print("Welcome,", name, ". Type lock to lock.")
    while key != "lock":
        key = input("")
```

Observați or în while (nameguess != name) or (passwordguess != password), pe care nu le-am introdus încă. Probabil vă puteți da seama cum funcționează.

DECIZII

Declarațiile if

DECLARAȚIA IF

Ca întotdeauna, cred că ar trebui să încep fiecare capitol cu un exercițiu de tastare de încălzire, așa că iată un scurt program pentru a calcula valoarea absolută a unui număr întreg:

```
n = int(input("Number? "))
if n < 0:
   print("The absolute value of", n, "is", -n)
else:
   print("The absolute value of", n, "is", n)
```

Iată rezultatul de două ori când am rulat acest program:

```
Number? -34
The absolute value of -34 is 34

Number? 1
The absolute value of 1 is 1
```

Deci, ce face computerul când vede această bucată de cod? Mai întâi solicită utilizatorului un număr cu instrucțiunea „n = int(input("Number? "))". Apoi se citește linia „if n < 0:". Dacă n este mai mic decât zero, Python rulează linia „print("The absolute value of", n, "is", -n)". În caz contrar, rulează linia „print("The absolute value of", n, "is", n)".

Mai formal, Python analizează dacă *expresia* n < 0 este adevărată sau falsă. O instrucțiune if este urmată de un bloc indentat de instrucțiuni care sunt executate atunci când expresia este adevărată. Opțional, după instrucțiunea if este o instrucțiune else și un alt *bloc* de instrucțiuni indentat. Acest al doilea bloc de instrucțiuni este rulat dacă expresia este falsă.

Există o serie de teste diferite pe care o expresie le poate avea. Iată un tabel cu toate acestea:

operator	**funcția**
<	less than
<=	less than or equal to
>	greater than
>=	greater than or equal to
==	equal
!=	not equal

O altă caracteristică a comenzii if este instrucțiunea elif . Reprezintă else if și înseamnă dacă declarația if originală este falsă, dar partea elif este adevărată, atunci face parte elif . Și dacă nici expresiile if sau elif nu sunt adevărate, atunci face ceea ce este în blocul else . Iată un exemplu:

```
a = 0
while a < 10:
    a = a + 1
    if a > 5:
        print(a, ">", 5)
    elif a <= 3:
        print(a, "<=", 3)
    else:
        print("Neither test was true")
```

și rezultatul:

```
1 <= 3
2 <= 3
3 <= 3
Neither test was true
Neither test was true
6 > 5
7 > 5
8 > 5
```

```
9 > 5
10 > 5
```

Observați cum elif a <= 3 este testat numai atunci când declarația if nu este adevărată. Pot exista mai multe expresii elif , permițând efectuarea mai multor teste într-o singură instrucțiune if .

Exemple

```
# Acest program demonstrează utilizarea
operatorului ==
# folosind numere
print(5 == 6)
# Folosind variabile
x = 5
y = 8
print(x == y)
```

Și rezultatul

```
False
False
```

high_low.py

```
# Joacă jocul de ghicire mai sus sau mai jos

# Acesta ar trebui să fie de fapt ceva semi-
aleatoriu, precum
# ultimele cifre ale timpului sau altceva, dar asta
va trebui
# să așteptați până la un capitol ulterior. (Credit
suplimentar, modificați-l pentru a fi aleatoriu
# după capitolul Module)
number = 7
guess = -1

print("Guess the number!")
```

```
while guess != number:
    guess = int(input("Is it... "))

    if guess == number:
        print("Hooray! You guessed it right!")
    elif guess < number:
        print("It's bigger...")
    elif guess > number:
        print("It's not so big.")
```

Rulare eşantion:

```
Guess the number!
Is it... 2
It's bigger...
Is it... 5
It's bigger...
Is it... 10
It's not so big.
Is it... 7
Hooray! You guessed it right!
```

even.py

```
# Solicitați un număr.
# Se imprimă dacă este par sau impar

number = float(input("Tell me a number: "))
if number % 2 == 0:
    print(int(number), "is even.")
elif number % 2 == 1:
    print(int(number), "is odd.")
else:
    print(number, "is very strange.")
```

Rulare eşantion:

```
Tell me a number: 3
3 is odd.
```

```
Tell me a number: 2
2 is even.

Tell me a number: 3.4895
3.4895 is very strange.
```

average1.py

```
# continuă să ceară numere până când se introduce
0.
# Imprimă valoarea medie.

count = 0
sum = 0.0
number = 1 # setați la ceva care nu va ieși imediat
din bucla while.

print("Enter 0 to exit the loop")

while number != 0:
    number = float(input("Enter a number: "))
    if number != 0:
        count = count + 1
        sum = sum + number
    if number == 0:
        print("The average was:", sum / count)
```

Rulare eşantion:

```
Enter 0 to exit the loop
Enter a number: 3
Enter a number: 5
Enter a number: 0
The average was: 4.0

Enter 0 to exit the loop
Enter a number: 1
Enter a number: 4
```

```
Enter a number: 3
Enter a number: 0
The average was: 2.66666666667
```

average2.py

```
# continuă să ceară numere până când au fost
introduse numerele de numărare.
# Imprimă valoarea medie.

# Reţineţi că folosim un număr întreg pentru a ţine
evidenţa la cât de multe numere,
# dar numere în virgulă mobilă pentru introducerea
fiecărui număr
sum = 0.0

print("This program will take several numbers then
average them")
count = int(input("How many numbers would you like
to average: "))
current_count = 0

while current_count < count:
    current_count = current_count + 1
    print("Number", current_count)
    number = float(input("Enter a number: "))
    sum = sum + number

print("The average was:", sum / count)
```

Rulare eşantion:

```
This program will take several numbers then average
them
How many numbers would you like to average: 2
Number 1
Enter a number: 3
Number 2
Enter a number: 5
```

```
The average was: 4.0

This program will take several numbers then average
them
How many numbers would you like to average: 3
Number 1
Enter a number: 1
Number 2
Enter a number: 4
Number 3
Enter a number: 3
The average was: 2.66666666667
```

EXERCIȚII

Scrieți un program care să întrebe utilizatorul numele lui, dacă vă introduce numele spuneți „Acesta este un nume frumos”, dacă introduce „John Cleese” sau „Michael Palin”, spuneți-le ce părere aveți despre ei ;), altfel spuneți-le "Ai un nume frumos."

Soluție

```
name = input('Your name: ')
if name == 'Bryn':
    print('That is a nice name.')
elif name == 'John Cleese':
    print('... some funny text.')
elif name == 'Michael Palin':
    print('... some funny text.')
else:
    print('You have a nice name.')
```

Modificați programul mai mare sau mai mic din această secțiune pentru a urmări de câte ori utilizatorul a introdus un număr greșit. Dacă este de mai mult de 3 ori, tipăriți „Trebuie să fi fost complicat”. la sfarsit, in caz contrar tipariti "Bună treabă!"

Soluție

```
number = 7
guess = -1
count = 0

print("Guess the number!")
while guess != number:
    guess = int(input("Is it... "))
    count = count + 1
    if guess == number:
        print("Hooray! You guessed it right!")
    elif guess < number:
        print("It's bigger...")
    elif guess > number:
        print("It's not so big.")

if count > 3:
    print("That must have been complicated.")
else:
    print("Good job!")
```

Scrieți un program care cere două numere. Dacă suma numerelor este mai mare de 100, tipăriți „Acesta este un număr mare”.

Soluție

```
number1 = float(input('1st number: '))
number2 = float(input('2nd number: '))
if number1 + number2 > 100:
    print('That is a big number.')
```

DEPANARE

Aflați ce nu merge bine

CE ESTE DEPANAREA?

„De îndată ce am început să programăm, am constatat, spre surprinderea noastră, că nu era atât de ușor să obținem programele corect pe cât ne-am gândit. Depanarea a trebuit să fie descoperită. Îmi amintesc exact momentul în care mi-am dat seama că o mare parte din viața mea de atunci urma să fie consumată pentru a găsi greșeli în propriile mele programe". — Maurice Wilkes descoperind depanarea, 1949

Până acum, dacă te-ai încurcat cu programele, probabil ai descoperit că uneori programul face ceva ce nu ai vrut să facă. Acest lucru este destul de comun. Depanarea este procesul de a afla ce face computerul și apoi de a-l face să facă ceea ce dorești să facă. Acest lucru poate fi dificil. Odată am petrecut aproape o săptămână urmărind și reparând o eroare cauzată de cineva care a pus un x acolo unde ar fi trebuit să fie un y.

Acest capitol va fi mai abstract decât capitolele precedente.

CE AR TREBUI SĂ FACĂ PROGRAMUL?

Primul lucru de făcut (sună evident) este să vă dați seama ce ar trebui să facă programul dacă rulează corect. Vino cu niște cazuri de testare și vezi ce se întâmplă. De exemplu, să presupunem că am un program pentru a calcula perimetrul unui dreptunghi (suma lungimii tuturor laturilor). Am următoarele cazuri de testare:

înălțimea	**lățimea**	**perimetrul**
3	4	14
2	3	10

4	4	16
2	2	8
5	1	12

Acum îmi rulez programul pe toate cazurile de testare și văd dacă programul face ceea ce mă aștept să facă. Dacă nu, atunci trebuie să aflu ce face computerul.

Mai frecvent, unele dintre cazurile de testare vor funcționa și altele nu. Dacă acesta este cazul, ar trebui să încercați și să vă dați seama ce au în comun cele care funcționează. De exemplu, aici este rezultatul unui program de perimetru (puteți vedea codul într-un minut):

```
Height: 3
Width: 4
perimeter = 15

Height: 2
Width: 3
perimeter = 11

Height: 4
Width: 4
perimeter = 16

Height: 2
Width: 2
perimeter = 8

Height: 5
Width: 1
perimeter = 8
```

Observați că nu a funcționat pentru primele două intrări, a funcționat pentru următoarele două și nu a funcționat pe ultima. Încercați să vă dați seama ce este în comun cu cele care funcționează. Odată ce aveți o idee despre care este problema, este mai ușor să găsiți cauza. Cu propriile programe, ar trebui să încercați mai multe cazuri de testare dacă aveți nevoie de ele.

CE FACE PROGRAMUL?

Următorul lucru de făcut este să te uiți la codul sursă. Unul dintre cele mai importante lucruri de făcut în timpul programării este citirea codului sursă. Principala modalitate de a face acest lucru sunt explicațiile de cod.

O verificare a codului începe la prima linie și continuă până când programul este terminat. Buclele while și instrucțiunile if înseamnă că unele linii nu pot fi executate niciodată, iar unele linii sunt rulate de mai multe ori. La fiecare linie vă dați seama ce a făcut Python.

Să începem cu programul de perimetru simplu. Nu-l introduceți, îl veți citi, nu îl veți rula. Codul sursă este:

```
height = int(input("Height: "))
width = int(input("Width: "))
print("perimeter =", width + height + width +
width)
```

***Întrebare*: Care este prima linie pe care o rulează Python?**

Răspuns: Prima linie este întotdeauna rulată prima. În acest caz este: height = int(input("Height: "))

Ce face acea linie?

Imprimă Height: , așteaptă ca utilizatorul să introducă un șir de caractere și apoi îl convertește într-o înălțime variabilă întreagă.

Care este următoarea linie care rulează?

În general, următoarea linie de jos este: width = int(input("Width: "))

Ce face acea linie?

Imprimă Width: , așteaptă ca utilizatorul să introducă un număr și pune ceea ce introduce utilizatorul în lățimea variabilă.

Care este următoarea linie care rulează?

Când următoarea linie nu este indentată mai mult sau mai puțin decât linia curentă, este linia imediat după aceea, deci este: print("perimeter = ", width + height + width + width) (De asemenea, poate rula o funcție în linia actuală, dar acesta este un capitol viitor.)

Ce face acea linie?

Mai întâi imprimă perimeter = , apoi imprimă suma valorilor conținute în variabile, width și height, din width + height + width + width.

width + height + width + width calculează corect perimetrul?

Să vedem, perimetrul unui dreptunghi este partea de jos (lățimea) plus partea stângă (înălțimea) plus partea de sus (lățimea) plus partea dreaptă (nu?). Ultimul item ar trebui să fie lungimea părții drepte sau înălțimea.

Înțelegi de ce perimetrul a fost calculat „corect" uneori ?

A fost calculat corect când lățimea și înălțimea erau egale.

Următorul program pentru care vom face o prezentare a codului este un program care ar trebui să imprime 5 puncte pe ecran. Totuși, aceasta este ceea ce scoate programul:

```
. . . .
```

Și iată programul:

```
number = 5
while number > 1:
```

```
    print(".",end=" ")
    number = number - 1
print()
```

Acest program va fi mai complex de parcurs, deoarece are acum porțiuni indentate (sau structuri de control). Să începem.

Care este prima linie care urmează să fie rulată?

Prima linie a fișierului: number = 5

Ce face?

Pune numărul 5 în numărul variabil.

Care este următoarea linie?

Următoarea linie este: while number > 1:

Ce face?

Ei bine, declarațiile while în general se uită la expresiile lor și, dacă sunt adevărate, ele fac următorul bloc de cod indentat, altfel omit următorul bloc de cod indentat.

Deci ce face acum?

Dacă number > 1 este adevărat, vor fi rulate următoarele două linii.

Deci este number > 1?

Ultima valoare pusă în number a fost 5 și 5 > 1, deci da.

Deci, care este următoarea linie?

Deoarece while era adevărată, următoarea linie este: print(".",end=" ")

Ce face acea linie?

Imprimă un punct şi, deoarece există argumentul suplimentar end=" ", următorul text tipărit nu va fi pe o altă linie de ecran.

Care este următoarea linie?

number = number - 1 , deoarece aceasta este următoarea linie şi nu există modificări de indentare.

Ce face?

Aceasta calculează number - 1, care este valoarea curentă a lui number (sau 5) scade 1 din el şi face noua valoare a numărului. Deci, practic, schimbă valoarea lui number de la 5 la 4.

Care este următoarea linie?

Ei bine, nivelul indentării scade, aşa că trebuie să ne uităm la ce tip de structură de control este. Este o buclă while , aşa că trebuie să ne întoarcem la clauza while care este while number > 1:

Ce face?

Se uită la valoarea numărului, care este 4, şi o compară cu 1 şi, deoarece 4 > 1, bucla while continuă.

Care este următoarea linie?

Deoarece bucla while a fost adevărată, următoarea linie este: print(".",end=" ")

Ce face?

Tipăreşte un al doilea punct pe linie, care se termină cu un spațiu.

Care este următoarea linie?

Nicio modificare a indentării, așa că este: number = number - 1

Și ce face?

Ia valoarea curentă a numărului (4), scade 1 din ea, rezultând 3 și apoi face din 3 noua valoare a numărului.

Care este următoarea linie?

Deoarece există o modificare a indentului cauzată de sfârșitul buclei while , următoarea linie este: while number > 1:

Ce face?

Compară valoarea curentă a numărului (3) cu 1. 3 > 1, astfel încât bucla while continuă.

Care este următoarea linie?

Deoarece condiția buclei while a fost adevărată, următoarea linie este: print(".",end=" ")

Și ce face?

Un al treilea punct este imprimat pe linie.

Care este următoarea linie?

Este: number = number - 1

Ce face?

Ia valoarea curentă a numărului (3) scade din ea 1 și face din

2 noua valoare a numărului.

Care este următoarea linie?

Înapoi la începutul buclei while: while number > 1:

Ce face?

Compară valoarea curentă a numărului (2) cu 1. Deoarece 2 > 1, bucla while continuă.

Care este următoarea linie?

Deoarece bucla while continuă: print(".",end=" ")

Ce face?

Descoperă sensul vieții, universul și totul. Glumesc. (Trebuia să mă asigur că ești treaz.) Linia imprimă un al patrulea punct pe ecran.

Care este următoarea linie?

Este: number = number - 1

Ce face?

Ia valoarea curentă a numărului (2) scade 1 și face din 1 noua valoare a numărului.

Care este următoarea linie?

Înapoi la bucla while: while number > 1:

Ce face linia?

Compară valoarea curentă a numărului (1) cu 1. Deoarece 1 > 1 este fals (unul nu este mai mare decât unu), bucla while iese.

Care este următoarea linie?

Deoarece condiția buclei while a fost falsă, următoarea linie este linia de după ieșirea buclei while sau: print()

Ce face acea linie?

Face ecranul să treacă la următoarea linie.

De ce programul nu tipărește 5 puncte?

Bucla scoate 1 punct prea devreme.

Cum putem remedia asta?

Faceți ca bucla bucla să scoată 1 punct mai târziu.

Și cum facem asta?

Există mai multe moduri. O modalitate ar fi să schimbi bucla while la: while number > 0: O altă modalitate ar fi să schimbi condiționalul la: number >= 1 Mai sunt câteva.

CUM ÎMI REPAR PROGRAMUL?

Trebuie să îți dai seama ce face programul. Trebuie să îți dai seama ce ar trebui să facă programul. Află care este diferența dintre cele două. Depanarea este o abilitate care trebuie exersată pentru a fi învățată. Dacă nu îți poți da seama după o oră, ia o pauză, discută cu cineva despre problemă sau contemplă scamele din buric. Revino peste un timp și probabil vei avea idei noi despre problemă. Baftă!

DEFINIREA FUNCȚIILOR

Structurarea programelor cu utilizarea funcțiilor

CREAREA FUNCȚIILOR

Pentru a începe acest capitol, vă voi da un exemplu despre ceea ce ați putea face, dar nu ar trebui (deci nu-l folosiți):

```
a = 23
b = -23

if a < 0:
    a = -a
if b < 0:
    b = -b
if a == b:
    print("The absolute values of", a, "and", b,
"are equal.")
else:
    print("The absolute values of", a, "and", b,
"are different.")
```

cu ieșirea fiind:

```
The absolute values of 23 and 23 are equal.
```

Programul pare puțin repetitiv. Programatorii urăsc să repete lucrurile -- pentru asta sunt computerele, până la urmă! (Rețineți, de asemenea, că găsirea valorii absolute a schimbat valoarea variabilei, motiv pentru care se tipărește 23 și nu -23 în ieșire.) Din fericire, Python vă permite să creați funcții pentru a elimina duplicarea. Iată exemplul rescris:

```
a = 23
b = -23

def absolute_value(n):
    if n < 0:
        n = -n
    return n

if absolute_value(a) == absolute_value(b):
    print("The absolute values of", a, "and", b,
"are equal.")
else:
    print("The absolute values of", a, "and", b,
"are different.")
```

cu ieşirea fiind:

```
The absolute values of 23 and -23 are equal.
```

Caracteristica cheie a acestui program este declaraţia def. def (prescurtare de la definire) începe o definiţie a funcţiei. def este urmat de numele funcţiei absolute_value. Urmează un „(" urmat de parametrul n (n este trecut din program în funcţie când funcţia este apelată). Instrucţiunile de după „:" sunt executate când funcţia este utilizată. Instrucţiunile continuă până când fie instrucţiunile indentate se termină fie se întâlneşte o return. Instrucţiunea return returnează o valoare înapoi la locul unde a fost apelată funcţia. Am întâlnit deja o funcţie în primul nostru program, funcţia print. Acum putem face noi funcţii.

Observaţi cum valorile lui a şi b nu sunt modificate. Funcţiile pot fi folosite pentru a repeta sarcini care nu returnează valori. Aici sunt cateva exemple:

```
def hello():
    print("Hello")

def area(width, height):
    return width * height

def print_welcome(name):
    print("Welcome", name)
```

```
hello()
hello()

print_welcome("Fred")
w = 4
h = 5
print("width =", w, " height =", h, " area =",
area(w, h))
```

cu ieşirea fiind:

```
Hello
Hello
Welcome Fred
width = 4  height = 5  area = 20
```

Acest exemplu arată mai multe lucruri pe care le puteţi face cu funcţii. Observaţi că nu puteţi utiliza niciun argument sau două sau mai multe. Observaţi, de asemenea, când o funcţie nu trebuie să trimită înapoi o valoare, returnarea este opţională.

VARIABILE ÎN FUNCŢII

Când eliminaţi codul repetat, aveţi adesea variabile în codul repetat. În Python, acestea sunt tratate într-un mod special. Până acum toate variabilele pe care le-am văzut sunt variabile globale. Funcţiile au un tip special de variabilă numită variabile locale. Aceste variabile există doar în timp ce funcţia rulează. Când o variabilă locală are acelaşi nume cu o altă variabilă (cum ar fi o variabilă globală), variabila locală o ascunde pe cealaltă. Sună confuz? Ei bine, aceste exemple următoare (care sunt puţin artificioase) ar trebui să ajute la clarificarea lucrurilor.

```
a = 4

def print_func():
    a = 17
    print("in print_func a =", a)

print_func()
```

```
print("a = ", a)
```

Când rulăm, vom primi o ieşire de:

```
in print_func a = 17
a = 4
```

Atribuțiile de variabile în interiorul unei funcții nu înlocuiesc variabilele globale, ele există doar în interiorul funcției. Chiar dacă lui a i-a fost atribuită o nouă valoare în interiorul funcției, această valoare nou atribuită a fost relevantă doar pentru print_func, când funcția se termină de rulat şi valorile lui a sunt imprimate din nou, vedem valorile atribuite inițial.

Iată un alt exemplu mai complex.

```
a_var = 10
b_var = 15
e_var = 25

def a_func(a_var):
    print("in a_func a_var =", a_var)
    b_var = 100 + a_var
    d_var = 2 * a_var
    print("in a_func b_var =", b_var)
    print("in a_func d_var =", d_var)
    print("in a_func e_var =", e_var)
    return b_var + 10

c_var = a_func(b_var)

print("a_var =", a_var)
print("b_var =", b_var)
print("c_var =", c_var)
print("d_var =", d_var)
```

ieşirea:

```
in a_func a_var =  15
in a_func b_var =  115
in a_func d_var =  30
in a_func e_var =  25
```

```
a_var =  10
b_var =  15
c_var =  125
d_var =

Traceback (most recent call last):
 File "C:\def2.py", line 19, in <module>
   print("d_var = ", d_var)
NameError: name 'd_var' is not defined
```

În acest exemplu, variabilele a_var, b_var și d_var sunt toate variabile locale atunci când sunt în interiorul funcției a_func. După rularea instrucțiunii return b_var + 10, toate încetează să mai existe. Variabila a_var este automat o variabilă locală, deoarece este un nume de parametru. Variabilele b_var și d_var sunt variabile locale deoarece apar în stânga unui semn egal în funcție în instrucțiunile b_var = 100 + a_var și d_var = 2 * a_var.

În interiorul funcției a_var nu are nicio valoare atribuită. Când funcția este apelată cu c_var = a_func(b_var), 15 este atribuit lui a_var, deoarece în acel moment b_var este 15, făcând apel la funcția a_func(15). Aceasta se termină setând a_var la 15 când este în interiorul lui a_func.

După cum puteți vedea, odată ce funcția se termină de rulat, variabilele locale a_var și b_var care au ascuns variabilele globale cu același nume dispar. Apoi instrucțiunea print("a_var = ", a_var) afișează valoarea 10 și nu valoarea 15, deoarece variabila locală care a ascuns variabila globală a dispărut.

Un alt lucru de observat este NameError care se întâmplă la sfârșit. Aceasta apare deoarece variabila d_var nu mai există de când a_func a terminat. Toate variabilele locale sunt șterse atunci când funcția iese. Dacă doriți să obțineți ceva dintr-o funcție, atunci va trebui să utilizați return something.

Un ultim lucru de observat este că valoarea lui e_var rămâne neschimbată în interiorul a_func, deoarece nu este un parametru și nu apare niciodată în stânga unui semn egal în interiorul funcției a_func. Când o variabilă globală este accesată în interiorul unei funcții, aceasta este variabila globală din exterior.

Funcțiile permit variabile locale care există numai în interiorul funcției și pot ascunde alte variabile care se află în afara funcției.

EXEMPLE

temperature2.py

```
#! /usr/bin/python
#-*-codare: utf-8 -*-
# convertește temperatura în Fahrenheit sau Celsius

def print_options():
    print("Options:")
    print(" 'p' print options")
    print(" 'c' convert from Celsius")
    print(" 'f' convert from Fahrenheit")
    print(" 'q' quit the program")

def celsius_to_fahrenheit(c_temp):
    return 9.0 / 5.0 * c_temp + 32

def fahrenheit_to_celsius(f_temp):
    return (f_temp - 32.0) * 5.0 / 9.0

choice = "p"
while choice != "q":
    if choice == "c":
        c_temp = float(input("Celsius temperature: 
"))
        print("Fahrenheit:", 
celsius_to_fahrenheit(c_temp))
        choice = input("option: ")
    elif choice == "f":
        f_temp = float(input("Fahrenheit 
temperature: "))
        print("Celsius:", 
fahrenheit_to_celsius(f_temp))
        choice = input("option: ")
    else:
        choice = "p"    #Alternative alege != "q": 
so that print
                        #când nu a intrat nimic 
neașteptat
```

```
        print_options()
        choice = input("option: ")
```

La rulare:

```
Options:
 'p' print options
 'c' convert from celsius
 'f' convert from fahrenheit
 'q' quit the program
option: c
Celsius temperature: 30
Fahrenheit: 86.0
option: f
Fahrenheit temperature: 60
Celsius: 15.5555555556
option: q
```

area2.py

```
#! /usr/bin/python
#-*-codare: utf-8 -*-
# calculează o suprafață dreptunghiulară dată

def hello():
    print('Hello!')

def area(width, height):
    return width * height

def print_welcome(name):
    print('Welcome,', name)

def positive_input(prompt):
    number = float(input(prompt))
    while number <= 0:
        print('Must be a positive number')
        number = float(input(prompt))
    return number
```

```
name = input('Your Name: ')
hello()
print_welcome(name)
print()
print('To find the area of a rectangle,')
print('enter the width and height below.')
print()
w = positive_input('Width: ')
h = positive_input('Height: ')

print('Width =', w, ' Height =', h, ' so Area =',
area(w, h))
```

La rulare:

```
Your Name: Josh
Hello!
Welcome, Josh

To find the area of a rectangle,
enter the width and height below.

Width: -4
Must be a positive number
Width: 4
Height: 3
Width = 4  Height = 3  so Area = 12
```

EXERCIȚII

Rescrieți programul area2.py din exemplele de mai sus pentru a avea o funcție separată pentru aria unui pătrat, aria unui dreptunghi și aria unui cerc (3.14 * radius**2). Acest program ar trebui să includă o interfață de meniu.

Soluție

```
def square(L):
    return L * L
```

```
def rectangle(width , height):
    return width * height

def circle(radius):
    return 3.14159 * radius ** 2

def options():
    print()
    print("Options:")
    print("s = calculate the area of a square.")
    print("c = calculate the area of a circle.")
    print("r = calculate the area of a rectangle.")
    print("q = quit")
    print()

print("This program will calculate the area of a
square, circle or rectangle.")
choice = "x"
options()
while choice != "q":
    choice = input("Please enter your choice: ")
    if choice == "s":
        L = float(input("Length of square side: "))
        print("The area of this square is",
square(L))
        options()
    elif choice == "c":
        radius = float(input("Radius of the circle:
"))
        print("The area of the circle is",
circle(radius))
        options()
    elif choice == "r":
        width = float(input("Width of the
rectangle: "))
        height = float(input("Height of the
rectangle: "))
        print("The area of the rectangle is",
rectangle(width, height))
        options()
    elif choice == "q":
```

```
        print(" ",end="")
    else:
        print("Unrecognized option.")
        options()
```

EXEMPLU DE FUNCȚII AVANSATE

Exemplu (aproape) uimitor al modului în care programatorii pot gândi

Notă: Unii oameni consideră această secțiune utilă, iar alții o consideră confuză. Dacă vi se pare confuz, nu ezitați să o omiteți și să continuați cu secțiunea următoare.

Pentru a arăta modalități mai avansate de utilizare a funcțiilor, vom face acum o parcurgere pentru următorul program:

```
def mult(a, b):
    if b == 0:
        return 0
    rest = mult(a, b - 1)
    value = a + rest
    return value
result = mult(3, 2)
print("3 * 2 = ", result)
```

Practic, acest program creează o funcție de multiplicare a numărului întreg pozitiv (care este mult mai lentă decât funcția de multiplicare încorporată) și apoi demonstrează această funcție folosind funcția. Acest program demonstrează utilizarea recursiunii, adică o formă de iterație (repetiție) în care există o funcție care se autoinvocă în mod repetat până când o condiție de ieșire este îndeplinită. Utilizează adunări repetate pentru a da același rezultat ca și înmulțirea: de ex. 3 + 3 (adunare) oferă același rezultat ca 3 * 2 (înmulțire).

Întrebare: **Care este primul lucru pe care îl face programul?**

Răspuns: Primul lucru făcut este că funcția mult este definită cu liniile:

```
def mult(a, b):
    if b == 0:
        return 0
    rest = mult(a, b - 1)
    value = a + rest
    return value
```

Aceasta creează o funcție care ia doi parametri și returnează o valoare când este finalizată. Mai târziu, această funcție poate fi rulată.

Ce se întâmplă mai departe?

Următoarea linie după funcție, result = mult(3, 2) este rulată.

Ce face această linie?

Această linie va atribui valoarea returnată a lui mult(3, 2) variabilei result.

Și ce returnează mult(3, 2)?

Trebuie să facem o prezentare a funcției mult pentru a afla.

Ce se întâmplă mai departe?

Variabila a primește valoarea 3 atribuită acesteia și variabila b primește valoarea 2 atribuită acesteia.

Și apoi?

Linia if b == 0: este rulată. Deoarece b are valoarea 2, aceasta este falsă, astfel încât linia return 0 este omisă.

Și atunci ce?

Se rulează linia rest = mult(a, b - 1). Această linie setează variabila locală rest la valoarea mult(a, b - 1). Valoarea lui a este 3 și valoarea lui b este 2, deci apelul funcției este mult(3,1)

Deci, care este valoarea lui mult(3,1)?

Va trebui să rulăm funcția mult cu parametrii 3 și 1.

Deci, ce se întâmplă în continuare?

Variabilele locale din noua rulare a funcției sunt setate astfel încât a să aibă valoarea 3 și b să aibă valoarea 1. Deoarece acestea sunt valori locale, acestea nu afectează valorile anterioare ale lui a și b.

Și apoi?

Deoarece b are valoarea 1, declarația if este falsă, deci următoarea linie devine rest = mult(a, b - 1).

Ce face această linie?

Această linie va atribui mult(3, 0) pentru rest.

Deci care este acea valoare?

Va trebui să rulăm funcția încă o dată pentru a afla asta. De data aceasta a are valoarea 3 și b are valoarea 0.

Deci, ce se întâmplă în continuare?

Prima linie din funcție de rulat este if b == 0:. b are valoarea 0, astfel încât următoarea linie de rulat este return 0

Și ce face linia return 0?

Această linie returnează valoarea 0 din funcție.

Deci?

Deci acum știm că mult(3, 0) are valoarea 0. Acum știm ce a făcut linia rest = mult(a, b - 1) deoarece am rulat funcția mult cu parametrii 3 și 0. Am terminat de rulat mult(3, 0) și acum revenim la rularea mult(3,

1). Variabilei rest i se atribuie valoarea 0.

Ce linie urmează?

Linia value = a + rest este rulată în continuare. În această rulare a funcției, a = 3 și rest = 0, deci acum value = 3.

Ce se întâmplă mai departe?

Linia return value este rulată. Aceasta returnează 3 din funcție. Aceasta iese și din rularea funcției mult(3, 1). După ce se apelează return , revenim la rularea mult(3, 2).

Unde eramera **înmult(3, 2)?**

Am avut variabilele a = 3 și b = 2 și am examinat linia rest = mult(a, b - 1).

Deci ce se întâmplă acum?

Variabila rest primește 3 alocat acestuia. Următoarea linie value = a + rest setează valoarea la 3 + 3 sau 6.

Deci acum ce se întâmplă?

Următoarea linie rulează, aceasta returnează 6 din funcție. Acum revenim la rularea liniei result = mult(3, 2) care acum poate atribui valoarea 6 variabilei result.

Ce se întâmplă mai departe?

Următoarea linie după funcție, print("3 * 2 = ", result) este rulată.

Și ce face aceasta?

Se imprimă 3 * 2 = și valoarea rezultatului care este 6. Linia completă tipărită este 3 * 2 = 6.

Ce se întâmplă în general?

Practic am folosit două fapte pentru a calcula multiplu al celor două numere. Primul este că orice număr multiplicat cu 0 este 0 (x * 0 = 0). Al doilea este că un număr multiplicat cu un alt număr este egal cu primul număr plus primul număr multiplicat cu al doilea număr minus 1 (x * y = x + x * (y - 1)). Deci, ceea ce se întâmplă este că 3 * 2 este mai întâi convertit în 3 + 3 * 1. Apoi 3 * 1 este convertit în 3 + 3 * 0. Apoi știm că orice număr multiplicat cu 0 este 0, deci 3 * 0 este 0. Atunci putem calcula că 3 + 3 * 0 este 3 + 0 care este 3. Acum știm ce este 3 * 1, astfel încât să putem calcula că 3 + 3 * 1 este 3 + 3 care este 6.

Astfel funcționează totul:

```
mult(3, 2)
3 + mult(3, 1)
3 + 3 + mult(3, 0)
3 + 3 + 0
3 + 3
6
```

Recursiune

Constructele de programare care rezolvă o problemă prin rezolvarea unei versiuni mai mici a aceleiași probleme se numesc *recursive*. În exemplele din acest capitol, recursiunea este realizată prin definirea unei funcții care se autoapelează. Acest lucru facilitează implementarea soluțiilor la sarcinile de programare, deoarece poate fi suficient să luați în considerare următorul pas al unei probleme în loc de întreaga problemă deodată. De asemenea, este util, deoarece permite exprimarea unor concepte matematice cu un cod simplu, ușor de citit.

Orice problemă care poate fi rezolvată cu recursivitate ar putea fi reimplementată cu bucle. Utilizarea acestuia din urmă are ca rezultat o performanță mai bună. Cu toate acestea, implementările echivalente care utilizează bucle sunt de obicei mai greu de realizat corect.

Probabil cea mai intuitivă definiție a *recursiunii* este:
Recursiunea

Dacă tot nu îl înțelegi, vezi *recursiunea*.

Încercați să parcurgeți exemplul factorial dacă exemplul de multiplicare nu îl înțelegeți.

EXEMPLE

factorial.py

```
# definește o funcție care calculează factorialul

def factorial(n):
    if n == 0:
        return 1
    if n<0:
        return "Error, negative numbers do not have
factorial values!!"
    return n * factorial(n - 1)

print("2! =", factorial(2))
print("3! =", factorial(3))
print("4! =", factorial(4))
print("5! =", factorial(5))
print("-3! =", factorial(-3))
```

Rezultat:

```
2! = 2
3! = 6
4! = 24
5! = 120
-3! = Error, negative values do not have factorial
values!!
```

countdown.py

```
def count_down(n):
    print(n)
```

```
    if n > 0:
        return count_down(n-1)

count_down(5)
```

Rezultat:

```
5
4
3
2
1
0
```

LISTE

Variabile care conțin mai mult de o valoare

VARIABILE CU MAI MULT DE O VALOARE

Ați văzut deja variabile obișnuite care stochează o singură valoare. Cu toate acestea, alte tipuri de variabile pot deține mai mult de o valoare. Acestea se numesc containere deoarece pot conține mai multe obiecte. Cel mai simplu tip se numește listă. Iată un exemplu de listă utilizată:

```
which_one = int(input("What month (1-12)? "))
months = ['January', 'February', 'March', 'April',
'May', 'June', 'July', 'August', 'September',
'October', 'November', 'December']

if 1 <= which_one <= 12:
    print("The month is", months[which_one - 1])
```

și un exemplu de ieșire:

```
What month (1-12)? 3
The month is March
```

În acest exemplu, months (lunile) sunt o listă. months sunt definite cu liniile months = ['January', 'February', 'March', 'April', 'May', 'June', 'July', și 'August', 'September', 'October', 'November', 'December'] (rețineți că un \ ar putea fi folosit și pentru a împărți o linie lungă, dar acest lucru nu este necesar în acest caz, deoarece Python este suficient de inteligent pentru a recunoaște că totul dintre paranteze sunt împreună).[;i] încep și termină lista cu virgule (,) care separă elementele listei. Lista este folosită în months[which_one - 1]. O listă constă din articole care sunt numerotate începând cu 0. Cu alte cuvinte, dacă ai vrea ianuarie, ai folosi months[0]. Dați unei liste un număr și va returna valoarea care este stocată în acea locație.

Declarația if 1 <= which_one <= 12: va fi adevărată numai dacă which_one este între unu și doisprezece inclusiv (cu alte cuvinte, este ceea ce v-ați aștepta dacă ați vedea asta în algebră).

Listele pot fi gândite ca o serie de casete. Fiecare casetă are o valoare diferita. De exemplu, casetele create de demolist = ['life', 42, 'the universe', 6, 'and', 9] ar arăta astfel:

box number	**0**	**1**	**2**	**3**	**4**	**5**
demolist	"life"	42	"the universe"	6	"and"	9

Fiecare casetă este referită prin numărul său, astfel încât declarația demolist[0] va primi 'life', demolist[1] va primi 42 și așa mai departe până la demolist[5] obținând 9.

Mai multe caracteristici ale listelor

Următorul exemplu este doar pentru a arăta o mulțime de alte lucruri pe care listele le pot face (o dată nu mă aștept să le introduceți, dar probabil că ar trebui să vă jucați cu listele în modul interactiv până când vă simțiți confortabil cu ele.). Aici merge:

```
demolist = ["life", 42, "the universe", 6, "and", 
9]
print("demolist = ",demolist)
demolist.append("everything")
print("after 'everything' was appended demolist is 
now:")
print(demolist)
print("len(demolist) =", len(demolist))
print("demolist.index(42) =", demolist.index(42))
print("demolist[1] =", demolist[1])

# În continuare vom parcurge lista
for c in range(len(demolist)):
    print("demolist[", c, "] =", demolist[c])

del demolist[2]
print("After 'the universe' was removed demolist is 
now:")
```

```
print(demolist)
if "life" in demolist:
    print("'life' was found in demolist")
else:
    print("'life' was not found in demolist")

if "amoeba" in demolist:
    print("'amoeba' was found in demolist")

if "amoeba" not in demolist:
    print("'amoeba' was not found in demolist")

another_list = [42,7,0,123]
another_list.sort()
print("The sorted another_list is", another_list)
```

Ieşirea este:

```
demolist =  ['life', 42, 'the universe', 6, 'and',
9]
after 'everything' was appended demolist is now:
['life', 42, 'the universe', 6, 'and', 9,
'everything']
len(demolist) = 7
demolist.index(42) = 1
demolist[1] = 42
demolist[ 0 ] = life
demolist[ 1 ] = 42
demolist[ 2 ] = the universe
demolist[ 3 ] = 6
demolist[ 4 ] = and
demolist[ 5 ] = 9
demolist[ 6 ] = everything
After 'the universe' was removed demolist is now:
['life', 42, 6, 'and', 9, 'everything']
'life' was found in demolist
'amoeba' was not found in demolist
The sorted another_list is [0, 7, 42, 123]
```

Acest exemplu foloseşte o mulţime de funcţii noi. Observaţi că puteţi imprima doar o listă întreagă. În continuare, funcţia append este utilizată pentru a adăuga un nou articol la sfârşitul listei. len returnează câte articole sunt într-o listă. Indicii valizi (ca în numerele care pot fi utilizate în interiorul []) ai unei liste variază de la 0 la len - 1. Funcția index spune unde se află prima locație a unui articol într-o listă. Observați cum demolist.index(42 returnează 1, iar când demolist[1] este rulat returnează 42. Pentru a obține ajutor pentru toate funcțiile pe care o listă vi le oferă, tastați help(list) în interpretul interactiv Python.

Linia # Next we will loop through the list este doar un memento pentru programator (numit și *comentariu*). Python ignoră tot ce este scris după un # pe linia curentă. Urmează rândurile:

```
for c in range(len(demolist)):
    print('demolist[', c, '] =', demolist[c])
```

creați o variabilă c, care începe de la 0 și este incrementată până ajunge la ultimul index al listei. Între timp, declarația de tipărire imprimă fiecare element al listei.

O modalitate mult mai bună de a face cele de mai sus este:

```
for c, x in enumerate(demolist):
    print("demolist[", c, "] =", x)
```

Comanda del poate fi folosită pentru a elimina un anumit element dintr-o listă. Următoarele câteva rânduri folosesc operatorul in pentru a testa dacă un element este sau nu într-o listă. Funcția sort sortează lista. Acest lucru este util dacă aveți nevoie de o listă în ordine de la cel mai mic număr la cel mai mare sau alfabetic. Rețineți că aceasta rearanjează lista. Pe scurt, pentru o listă, au loc următoarele operații:

exemplu	**explicație**
demolist[2]	accesează elementul de la indexul 2
demolist[2] = 3	setează elementul de la indexul 2 la 3
del demolist[2]	elimină elementul de la indexul 2
len(demolist)	returnează lungimea demolist
"value" in demolist	este *True* dacă "value" este un element în demolist
"value" not in demolist	este *True* dacă "value" nu este un element în demolist
another_list.sort()	sortează another_list. Rețineți că lista trebuie să conțină toate numerele sau toate șirurile pentru a fi sortate.

demolist.index("value")	returnează indexul primului loc în care apare "value"
demolist.append("value")	adaugă un element "value" la sfârşitul listei
demolist.remove("value")	elimină prima apariţie a valorii din demolist (la fel ca del demolist[demolist.index("value")])

exemplu	**explicaţie**
demolist[2]	accesează elementul de la indexul 2
demolist[2] = 3	setează elementul de la indexul 2 la 3
del demolist[2]	elimină elementul de la indexul 2
len(demolist)	returnează lungimea demolist
"value" in demolist	este *True* dacă "value" este un element în demolist
"value" not in demolist	este *True* dacă "value" nu este un element în demolist
another_list.sort()	sortează another_list. Reţineţi că lista trebuie să conţină toate numerele sau toate şirurile pentru a fi sortate.
demolist.index("value")	returnează indexul primului loc în care apare "value"
demolist.append("value")	adaugă un element "value" la sfârşitul listei
demolist.remove("value")	elimină prima apariţie a valorii din demolist (la fel ca del demolist[demolist.index("value")])

Acest exemplu următor utilizează aceste caracteristici într-un mod mai util:

```
menu_item = 0
namelist = []
while menu_item != 9:
    print("--------------------")
    print("1. Print the list")
    print("2. Add a name to the list")
    print("3. Remove a name from the list")
    print("4. Change an item in the list")
    print("9. Quit")
    menu_item = int(input("Pick an item from the
menu: "))
    if menu_item == 1:
```

```
        current = 0
        if len(namelist) > 0:
            while current < len(namelist):
                print(current, ".",
namelist[current])
                current = current + 1
        else:
            print("List is empty")
    elif menu_item == 2:
        name = input("Type in a name to add: ")
        namelist.append(name)
    elif menu_item == 3:
        del_name = input("What name would you like
to remove: ")
        if del_name in namelist:
            # namelist.remove(del_name) would work
just as fine
            item_number = namelist.index(del_name)
            del namelist[item_number]
            # The code above only removes the first
occurrence of
            # the name.  The code below from Gerald
removes all.
            # while del_name in namelist:
            #       item_number =
namelist.index(del_name)
            #       del namelist[item_number]
        else:
            print(del_name, "was not found")
    elif menu_item == 4:
        old_name = input("What name would you like
to change: ")
        if old_name in namelist:
            item_number = namelist.index(old_name)
            new_name = input("What is the new name:
")
            namelist[item_number] = new_name
        else:
            print(old_name, "was not found")

print("Goodbye")
```

Și iată o parte din rezultat:

```
--------------------
1. Print the list
2. Add a name to the list
3. Remove a name from the list
4. Change an item in the list
9. Quit

Pick an item from the menu: 2
Type in a name to add: Jack

Pick an item from the menu: 2
Type in a name to add: Jill

Pick an item from the menu: 1
0 . Jack
1 . Jill

Pick an item from the menu: 3
What name would you like to remove: Jack

Pick an item from the menu: 4
What name would you like to change: Jill
What is the new name: Jill Peters

Pick an item from the menu: 1
0 . Jill Peters

Pick an item from the menu: 9
Goodbye
```

Acesta a fost un program lung. Să aruncăm o privire la codul sursă. Linianamelist = [] face din variabila namelist o listă fără articole (sau elemente). Următoarea linie importantă este while menu_item != 9:. Această linie începe o buclă care permite sistemul de meniu pentru acest program. Următoarele câteva rânduri afișează un meniu și decid ce parte a programului să ruleze.

Această secțiune

```
current = 0
```

```
if len(namelist) > 0:
    while current < len(namelist):
        print(current, ".", namelist[current])
        current = current + 1
else:
    print("List is empty")
```

parcurge lista şi tipăreşte fiecare nume. len(namelist) spune câte articole sunt în listă. Dacă len returnează 0, atunci lista este goală.

Apoi, câteva rânduri mai târziu, apare instrucţiunea namelist.append(name). Foloseşte funcţia append pentru a adăuga un articol la sfârşitul listei. Sari in jos încă doua linii şi observă această secţiune de cod:

```
item_number = namelist.index(del_name)
del namelist[item_number]
```

Aici funcţia index este folosită pentru a găsi valoarea indexului care va fi folosită ulterior pentru a elimina elementul. del namelist[item_number] este folosit pentru a elimina un element din listă.

Următoarea secţiune

```
old_name = input("What name would you like to
change: ")
if old_name in namelist:
    item_number = namelist.index(old_name)
    new_name = input("What is the new name: ")
    namelist[item_number] = new_name
else:
    print(old_name, "was not found")
```

foloseşte index pentru a găsi item_number şi apoi pune new_name unde era old_name.

Felicitări, cu listele la îndemână, acum ştiţi suficient limbaj pentru a putea face orice calcule pe care le poate face un computer (aceasta este cunoscută din punct de vedere tehnic sub numele de Completitudinea Turing). Desigur, există încă multe funcţii care sunt folosite pentru a vă uşura viaţa.

EXEMPLE

test.py

```
## Acest program rulează un test de cunoștințe

# În primul rând, primește întrebările de test
# Mai târziu, acesta va fi modificat pentru a
utiliza fișierul io.
def get_questions():
    # observați cum datele sunt stocate ca o listă
de liste
    return [["What color is the daytime sky on a
clear day? ", "blue"],
            ["What is the answer to life, the
universe and everything? ", "42"],
            ["What is a three letter word for mouse
trap? ", "cat"]]

# Aceasta va testa o singură întrebare
# ia în considerare o singură întrebare
# returnează True dacă utilizatorul a tastat
răspunsul corect, în caz contrar False

def check_question(question_and_answer):
    # extrage întrebarea și răspunsul din listă
    # Această funcție preia o listă cu două
elemente, o întrebare și un răspuns.
    question = question_and_answer[0]
    answer = question_and_answer[1]
    # dă întrebarea utilizatorului
    given_answer = input(question)
    # compară răspunsul utilizatorului cu răspunsul
testerului
    if answer == given_answer:
        print("Correct")
        return True
    else:
        print("Incorrect, correct was:", answer)
        return False
```

```
# Aceasta va trece prin toate întrebările
def run_test(questions):
    if len(questions) == 0:
        print("No questions were given.")
        # return iese din funcție
        return
    index = 0
    right = 0
    while index < len(questions):
        # Verifică întrebarea
        # Rețineți că aceasta este extragerea unei
liste de întrebări și răspunsuri din lista de
liste.
        if check_question(questions[index]):
            right = right + 1
        # trece la următoarea întrebare
        index = index + 1
    # observați ordinea calculului, mai întâi
înmulțire, apoi împărțire
    print("You got", right * 100 / len(questions),\
          "% right out of", len(questions))

# acum obține întrebările din funcția
get_questions, și
# trimite lista returnată de liste ca argument la
funcția run_test.

run_test(get_questions())
```

Valorile True și False indică 1 și, respectiv, 0. Ele sunt adesea folosite în verificări de sănătate, condiții de buclă etc. Veți afla mai multe despre acest lucru puțin mai târziu (capitolul *Expresii booleene*). Vă rugăm să rețineți că get_questions() este în esență o listă, deoarece, deși din punct de vedere tehnic este o funcție, returnarea unei liste de liste este singurul lucru pe care îl face.

Rezulat eșantion:

```
What color is the daytime sky on a clear day? green
Incorrect, correct was: blue
What is the answer to life, the universe and
everything? 42
```

```
Correct
What is a three letter word for mouse trap? cat
Correct
You got 66 % right out of 3
```

EXERCIȚII

Extindeți programul test.py, astfel încât să aibă un meniu care oferă opțiunea de a susține testul, vizualizarea listei de întrebări și răspunsuri și o opțiune de a renunța. De asemenea, adăugați o nouă întrebare pentru a pune: „What noise does a truly advanced machine make?" cu răspunsul de „ping".

Soluție

```
## Acest program rulează un test de cunoștințe

questions = [["What color is the daytime sky on a
clear day? ", "blue"],
             ["What is the answer to life, the
universe and everything? ", "42"],
             ["What is a three letter word for
mouse trap? ", "cat"],
             ["What noise does a truly advanced
machine make?", "ping"]]

# Aceasta va testa o singură întrebare
# ia în considerare o singură întrebare
# returnează True dacă utilizatorul a tastat
răspunsul corect, în caz contrar False

def check_question(question_and_answer):
    # extrage întrebarea și răspunsul din listă
    question = question_and_answer[0]
    answer = question_and_answer[1]
    # dă întrebarea utilizatorului
    given_answer = input(question)
    # compară răspunsul utilizatorului cu răspunsul
testatorilor
    if answer == given_answer:
        print("Correct")
```

```
        return True
    else:
        print("Incorrect, correct was:", answer)
        return False

# Aceasta va trece prin toate întrebările

def run_test(questions):

    if len(questions) == 0:
        print("No questions were given.")
        # return iese din funcție
        return
    index = 0
    right = 0
    while index < len(questions):
        # Verifică întrebarea
        if check_question(questions[index]):
            right = right + 1
        # trece la următoarea întrebare
        index = index + 1
    # observați ordinea calculului, mai întâi
înmulțire, apoi împărțire
    print("You got", right * 100 / len(questions),
          "% right out of", len(questions))

# arătând o listă de întrebări și răspunsuri
def showquestions():
    q = 0
    while q < len(questions):
        a = 0
        print("Q:" , questions[q][a])
        a = 1
        print("A:" , questions[q][a])
        q = q + 1

# acum să definim funcția de meniu
def menu():
    print("-----------------")
    print("Menu:")
    print("1 - Take the test")
```

```
    print("2 - View a list of questions and
answers")
    print("3 - View the menu")
    print("5 - Quit")
    print("-----------------")

choice = "3"
while choice != "5":
    if choice == "1":
        run_test(questions)
    elif choice == "2":
        showquestions()
    elif choice == "3":
        menu()
    print()
    choice = input("Choose your option from the
menu above: ")
```

BUCLELE FOR

Cu o buclă for, putem repeta o bucată de cod. Să ne uităm la un exemplu:

```
one_to_ten = range(1, 11)
for count in one_to_ten:
    print(count)
```

Ieşirea acestui cod arată după cum urmează:

```
1
2
3
4
5
6
7
8
9
10
```

Ieşirea pare foarte familiară, dar codul programului arată diferit. Prima linie foloseşte funcţia range. Funcţia range foloseşte două argumente astfel range(start, finish). start este primul număr care este produs. finish este cu unul mai mare decât ultimul număr. Reţineţi că acest program ar fi putut fi realizat într-un mod mai scurt:

```
for count in range(1, 11):
    print(count)
```

Funcţia rangereturnează un iterabil. Aceasta poate fi convertită într-o listă cu funcţia list care va fi atunci numărul dominant. Iată câteva exemple pentru a arăta ce se întâmplă cu comanda range:

```
>>> range(1, 10)
range(1, 10)
>>> list(range(1, 10))
[1, 2, 3, 4, 5, 6, 7, 8, 9]
>>> list(range(-32, -20))
[-32, -31, -30, -29, -28, -27, -26, -25, -24, -23,
-22, -21]
>>> list(range(5,21))
[5, 6, 7, 8, 9, 10, 11, 12, 13, 14, 15, 16, 17, 18,
19, 20]
>>> list(range(5))
[0, 1, 2, 3, 4]
>>> list(range(21, 5))
[]
```

Următoarea linie for count in one_to_ten: folosește structura de control for. O structură de control for arată ca for variable in list:. list este parcursă începând cu primul element al listei și mergând până la ultimul. Pe măsură ce for trece prin fiecare element dintr-o listă, pune pe fiecare în variable. Acest lucru permite ca variable să fie utilizat în fiecare timp succesiv prin care trece bucla for. Iată un alt exemplu (nu trebuie să tastați acest lucru) pentru a demonstra:

```
demolist = ['life', 42, 'the universe', 6, 'and',
7, 'everything']
for item in demolist:
    print("The current item is:",item)
```

Ieșirea este:

```
The current item is: life
The current item is: 42
The current item is: the universe
The current item is: 6
The current item is: and
The current item is: 7
The current item is: everything
```

Observați cum bucla for trece și setează itemul la fiecare element din listă. Deci, pentru ce este bun for? Prima utilizare este să parcurgeți toate elementele unei liste și să faceți ceva cu fiecare dintre ele. Iată o modalitate rapidă de a adăuga toate elementele:

```
list = [2, 4, 6, 8]
sum = 0
for num in list:
    sum = sum + num

print("The sum is:", sum)
```

cu ieşirea fiind pur şi simplu:

```
The sum is: 20
```

Sau puteţi scrie un program pentru a afla dacă există duplicate într-o listă, aşa cum face acest program:

```
list = [4, 5, 7, 8, 9, 1, 0, 7, 10]
list.sort()
prev = None
for item in list:
    if prev == item:
        print("Duplicate of", prev, "found")
    prev = item
```

şi la o bună verificare:

```
Duplicate of 7 found
```

Bine, deci cum funcţionează? Iată o versiune specială de depanare pentru a vă ajuta să înţelegeţi (nu trebuie să introduceţi aceasta):

```
l = [4, 5, 7, 8, 9, 1, 0, 7, 10]
print("l = [4, 5, 7, 8, 9, 1, 0, 7, 10]", "\t\tl:",
l)
l.sort()
print("l.sort()", "\t\tl:", l)
prev = l[0]
print("prev = l[0]", "\t\tprev:", prev)
del l[0]
print("del l[0]", "\t\tl:", l)
for item in l:
    if prev == item:
```

```
        print("Duplicate of", prev, "found")
    print("if prev == item:", "\t\tprev:", prev,
"\titem:", item)
    prev = item
    print("prev = item", "\t\tprev:", prev,
"\titem:", item)
```

cu ieşirea fiind:

```
l = [4, 5, 7, 8, 9, 1, 0, 7, 10]    l: [4, 5, 7, 8, 9, 1, 0, 7, 10]

l.sort()                            l: [0, 1, 4, 5, 7, 7, 8, 9,
10]
prev = l[0]                         prev: 0
del l[0]                            l: [1, 4, 5, 7, 7, 8, 9,
10]
if prev == item:                    prev: 0         item: 1
prev = item                         prev: 1         item: 1
if prev == item:                    prev: 1         item: 4
prev = item                         prev: 4         item: 4
if prev == item:                    prev: 4         item: 5
prev = item                         prev: 5         item: 5
if prev == item:                    prev: 5         item: 7
prev = item                         prev: 7         item: 7
Duplicate of 7 found
if prev == item:                    prev: 7         item: 7
prev = item                         prev: 7         item: 7
if prev == item:                    prev: 7         item: 8
prev = item                         prev: 8         item: 8
if prev == item:                    prev: 8         item: 9
prev = item                         prev: 9         item: 9
if prev == item:                    prev: 9         item: 10
prev = item                         prev: 10        item: 10
```

Motivul pentru care am pus atât de multe declaraţii print în cod a fost ca să puteţi vedea ce se întâmplă în fiecare linie. (Apropo, dacă nu vă puteţi da seama de ce nu funcţionează un program, încercaţi să introduceţi o mulţime de declaraţii print în locuri unde doriţi să ştiţi ce se întâmplă.) În primul rând, programul începe cu o listă veche plictisitoare. Apoi programul sortează lista. Acest lucru este astfel încât orice duplicat să fie pus unul lângă celălalt. Programul inițializează apoi o variabilă a prev anterioară. În continuare, primul element al listei este șters, astfel încât primul element să nu fie considerat greșit un duplicat. Urmează o buclă for. Fiecare item din listă este verificat pentru a vedea dacă este același cu cel precedent. Dacă este un duplicat, a fost găsit. Valoarea lui prev este apoi modificată, astfel încât data viitoare când bucla for trece prin prev să fie elementul anterior celui curent. Destul de sigur, s-a găsit că 7 este un duplicat. (Observați cum se folosește \t pentru a tipări o filă.)

Cealaltă modalitate de a utiliza buclele for este să faceți ceva de un anumit număr de ori. Iată un cod pentru a tipări primele 9 numere din seria Fibonacci:

```
a = 1
b = 1
for c in range(1, 10):
    print(a, end=" ")
    n = a + b
    a = b
    b = n
```

cu ieșirea surprinzătoare:

```
1 1 2 3 5 8 13 21 34
```

Tot ceea ce se poate face cu buclele for se poate face și cu buclele while , dar buclele for oferă o modalitate ușoară de a parcurge toate elementele dintr-o listă sau de a face ceva de un anumit număr de ori.

EXPRESII BOOLEENE

Logica computerizată – Adevărat și Fals – și și sau – nu

Iată un mic exemplu de expresii booleene (nu trebuie să-l tastați):

```
a = 6
b = 7
c = 42
print(1, a == 6)
print(2, a == 7)
print(3, a == 6 and b == 7)
print(4, a == 7 and b == 7)
print(5, not a == 7 and b == 7)
print(6, a == 7 or b == 7)
print(7, a == 7 or b == 6)
print(8, not (a == 7 and b == 6))
print(9, not a == 7 and b == 6)
```

Cu ieșirea fiind:

```
1 True
2 False
3 True
4 False
5 True
6 True
7 False
8 True
9 False
```

Ce se întâmplă? Programul constă dintr-o mulțime de declarații print cu aspect amuzant. Fiecare instrucțiune print afișează un număr și o expresie. Numărul este pentru a ajuta la urmărirea declarației cu care am de-a face. Observați cum fiecare expresie ajunge să fie False sau

True. În Python, False poate fi scris și ca 0 și True ca 1.

Liniile:

```
print(1, a == 6)
print(2, a == 7)
```

tipăresc un True și, respectiv, un False , așa cum se aștepta, deoarece primul este adevărat și al doilea este fals. A treia imprimare, print(3, a == 6 and b == 7), este puțin diferită. Operatorul and înseamnă că dacă atât afirmația de dinainte, cât și afirmația de după sunt adevărate, atunci întreaga expresie este adevărată, în caz contrar, întreaga expresie este falsă. Următoarea linie, print(4, a == 7 and b == 7), arată cum, dacă o parte a unei expresii and este falsă, totul este fals. Comportamentul and poate fi rezumat după cum urmează:

expresia	**rezulat**
true and true	true
true and false	false
false and true	false
false and false	false

Observați că, dacă prima expresie este falsă, Python nu verifică a doua expresie, deoarece știe că întreaga expresie este falsă. Încercați să rulați False and print("Hi") și comparați acest lucru cu rularea True and print("Hi"). Termenul tehnic pentru aceasta este evaluarea scurtcircuitului

Următoarea linie, print(5, not a == 7 and b == 7), folosește operatorul not. not doar dă opusul expresiei. (Expresia poate fi rescrisă ca print(5, a != 7 and b == 7)). Iată tabelul:

expresia	**rezultat**
not true	false
not false	true

Următoarele două linii, print(6, a == 7 or b == 7) și print(7, a == 7 or b == 6), folosesc operatorul or. Operatorul or returnează adevărat dacă prima expresie este adevărată sau dacă a doua expresie este adevărată sau ambele sunt adevărate. Dacă niciuna nu este adevărată, returnează fals. Iată tabelul:

expresia	**rezultat**
true or true	true
true or false	true
false or true	true
false or false	false

Observați că, dacă prima expresie este adevărată, Python nu verifică a doua expresie, deoarece știe că întreaga expresie este adevărată. Acest lucru funcționează deoarece or este adevărat dacă cel puțin jumătate din expresie este adevărată. Prima parte este adevărată, așa că a doua parte poate fi fie falsă, fie adevărată, dar întreaga expresie este încă adevărată.

Următoarele două rânduri, print(8, not (a == 7 and b == 6)) și print(9, not a == 7 and b == 6), arată că parantezele pot fi folosite pentru a grupa expresii și a forța o parte să fie evaluată mai întâi. Observați că parantezele au schimbat expresia de la fals la adevărat. Acest lucru s-a întâmplat deoarece parantezele au forțat ca not să se aplice întregii expresii în loc de doar porțiunii a == 7.

Iată un exemplu de utilizare a unei expresii booleene:

```
list = ["Life", "The Universe", "Everything",
"Jack", "Jill", "Life", "Jill"]
```

```
# faceți o copie a listei. Consultați capitolul Mai
multe despre liste pentru a explica ce înseamnă
[:].
copy = list[:]
# sort the copy
copy.sort()
prev = copy[0]
del copy[0]

count = 0

# parcurgeți lista căutând o potrivire
while count < len(copy) and copy[count] != prev:
    prev = copy[count]
    count = count + 1

# Dacă nu a fost găsită o potrivire, atunci numărul
nu poate fi < len
# deoarece bucla while continuă în timp ce numărul
este < len
# și nu se găsește nicio potrivire

if count < len(copy):
    print("First Match:", prev)
```

Și iată ieșirea:

```
First Match: Jill
```

Acest program funcționează continuând să verifice potrivirea while count < len(copy) and copy[count] is not equal to prev. Când oricare count este mai mare decât ultimul index al copy sau a fost găsită o potrivire, și nu mai este adevărat, bucla se termină. if pur și simplu verifică pentru a se asigura că while a ieșit deoarece a fost găsită o potrivire.

Celălalt „truc” al lui and este folosit în acest exemplu. Dacă te uiți la tabel pentru and observi că a treia intrare este „false and false”. Dacă count >= len(copy) (cu alte cuvinte count < len(copy) este fals), atunci copy[count] nu este niciodată analizat. Acest lucru se datorează faptului că Python știe că, dacă primul este fals, atunci nu pot fi amândouă adevărate. Acest lucru este cunoscut sub numele de *scurtcircuit* și este util dacă a doua jumătate a lui and va provoca o eroare dacă ceva nu este în regulă. Am folosit prima expresie (count < len(copy)) pentru a verifica și a vedea dacă count a fost un index valid pentru copy. (Dacă nu mă credeți, eliminați potrivirile „Jill" și „Life", verificați dacă încă funcționează și apoi inversați ordinea lui count < len(copy) and copy[count] != prev to copy[count] != prev and count < len(copy).)

Expresiile booleene pot fi folosite atunci când trebuie să verificați două sau mai multe lucruri diferite simultan.

O NOTĂ DESPRE OPERATORII BOOLEENI

O greșeală obișnuită pentru începătorii în programare este o înțelegere greșită a modului în care funcționează operatorii booleeni, care provine din modul în care interpretorul Python citește aceste expresii. De exemplu, după ce a învățat inițial despre declarațiile „and" și „or", ar putea presupune că expresia x == ('a' or 'b') ar verifica pentru a vedea dacă variabila x a fost echivalentă cu unul dintre șirurile de caractere 'a' sau 'b'. Nu este așa. Pentru a vedea despre ce vorbesc, începeți o sesiune interactivă cu interpretorul și introduceți următoarele expresii:

```
>>> 'a' == ('a' or 'b')
>>> 'b' == ('a' or 'b')
>>> 'a' == ('a' and 'b')
>>> 'b' == ('a' and 'b')
```

Și acesta va fi rezultatul neintuitiv:

```
>>> 'a' == ('a' or 'b')
True
>>> 'b' == ('a' or 'b')
False
>>> 'a' == ('a' and 'b')
False
>>> 'b' == ('a' and 'b')
True
```

În acest moment, operatorii and și or par să fie defectați. Nu are sens ca, pentru primele două expresii, 'a' este echivalent cu 'a' sau 'b', în timp ce 'b' nu este. În plus, nu are niciun sens ca 'b' să fie echivalent cu 'a' și 'b'. După ce ați examinat ce face interpretorul cu operatorii booleeni, aceste rezultate fac de fapt exact ceea ce le cereți, pur și simplu nu este același lucru cu ceea ce credeți că le cereți.

Când interpretorul Python se uită la o expresie or, ia prima declarație și verifică dacă este adevărată. Dacă prima declarație este adevărată, atunci Python returnează valoarea acelui obiect fără a verifica a doua declarație. Acest lucru se datorează faptului că pentru o expresie or, totul este adevărat dacă una dintre valori este adevărată; programul nu trebuie să se deranjeze cu a doua afirmație. Pe de altă parte, dacă prima valoare este evaluată ca fiind falsă, Python verifică și a doua valoare și returnează acea valoare. Acea a doua valoare determină valoarea de adevăr a întregii expresii, deoarece prima valoare a fost falsă. Această „lene” din partea interpretorului se numește „scurtcircuit” și este o modalitate comună de evaluare a expresiilor booleene în multe limbaje de programare.

În mod similar, pentru o expresie and, Python utilizează o tehnică de scurtcircuit pentru a accelera evaluarea valorii de adevăr. Dacă prima afirmație este falsă, atunci totul trebuie să fie fals, deci returnează acea valoare. În caz contrar, dacă prima valoare este adevărată, o verifică pe a doua și returnează acea valoare.

Un lucru de remarcat în acest moment este că expresia booleană returnează o valoare care indică True sau False, dar că Python consideră că un număr de lucruri diferite au o valoare de adevăr atribuită acestora. Pentru a verifica valoarea de adevăr a oricărui obiect dat x, puteți utiliza funcția bool(x) pentru a vedea valoarea de adevăr. Mai jos este un tabel cu exemple de valori de adevăr ale diferitelor obiecte:

True	**False**
True	False
1	0
Numere altele decât zero	Șirul 'None'

Șiruri negoale	Șiruri goale
Liste negoale	Liste goale
Dicționare negoale	Dicționare goale

Acum este posibil să înțelegem rezultatele surprinzătoare pe care le obțineam când am testat acele expresii booleene înainte. Să aruncăm o privire la ce „vede” interpretorul în timp ce parcurge acel cod:

Primul caz:

```
>>> 'a' == ('a' or 'b')  # Priviți mai întâi
parantezele, deci evaluați expresia "('a' or 'b')"
                         # „a” este un șir nevid,
deci prima valoare este True
                         # Returnează prima
valoare: „a”
>>> 'a' == 'a'           # șirul „a” este
echivalent cu șirul „a”, deci expresia este
adevărată
True
```

Al doilea caz:

```
>>> 'b' == ('a' or 'b')  # Priviți mai întâi
parantezele, deci evaluați expresia "('a' or 'b')"
                         # „a” este un șir nevid,
deci prima valoare este True
                         # Returnează prima
valoare: „a”
>>> 'b' == 'a'           # șirul „b” nu este
echivalent cu șirul „a”, deci expresia este falsă
False
```

Al treilea caz:

```
>>> 'a' == ('a' and 'b') # Priviți mai întâi
parantezele, deci evaluați expresia "('a' and 'b')"
```

```
                           # „a” este un şir nevid,
deci prima valoare este True, examinaţi a doua
valoare
                           # „b” este un şir nevid,
deci a doua valoare este True
                           # Returnează a doua
valoare ca rezultat al expresiei întregi: 'b'
>>> 'a' == 'b'           # şirul „a” nu este
echivalent cu şirul „b”, deci expresia este False
False
```

Al patrulea caz:

```
>>> 'b' == ('a' and 'b') # Priviţi mai întâi
parantezele, deci evaluaţi expresia "('a' and 'b')"
                           # „a” este un şir nevid,
deci prima valoare este True, examinaţi a doua
valoare
                           # „b” este un şir nevid,
deci a doua valoare este True
                           # Returnează a doua
valoare ca rezultat al expresiei întregi: 'b'
>>> 'b' == 'b'           # şirul „b” este
echivalent cu şirul „b”, deci expresia este True
True
```

Deci, Python îşi făcea cu adevărat treaba când a dat acele rezultate aparent false. După cum am menţionat anterior, lucrul important este să recunoaşteţi ce valoare va returna expresia dvs. booleană atunci când este evaluată, deoarece nu este întotdeauna evidentă.

Revenind la acele expresii iniţiale, iată cum le-aţi scrie astfel încât să se comporte aşa cum doriţi:

```
>>> 'a' == 'a' or 'a' == 'b'
True
>>> 'b' == 'a' or 'b' == 'b'
True
>>> 'a' == 'a' and 'a' == 'b'
False
>>> 'b' == 'a' and 'b' == 'b'
False
```

Când aceste comparații sunt evaluate, ele returnează valori de adevăr în termeni de Adevărat sau Fals, nu șiruri, astfel încât obținem rezultatele potrivite.

EXEMPLE

password1.py

```
## Acest program cere unui utilizator un nume și o
parolă.
# Apoi le verifică pentru a se asigura că
utilizatorul are voie să intre.

name = input("What is your name? ")
password = input("What is the password? ")
if name == "Josh" and password == "Friday":
    print("Welcome Josh")
elif name == "Fred" and password == "Rock":
    print("Welcome Fred")
else:
    print("I don't know you.")
```

Exemple de rulări

```
What is your name? Josh
What is the password? Friday
Welcome Josh

What is your name? Bill
What is the password? Money
I don't know you.
```

EXERCIȚII

Exerciții
Scrieți un program în care un utilizator să vă ghicească numele, dar are doar 3 șanse să facă acest lucru până când programul se închide.

Soluție

```
print("Try to guess my name!")
count = 1
name = "guilherme"
guess = input("What is my name? ")
while count < 3 and guess.lower() != name:    #
.lower allows things like Guilherme to still match
    print("You are wrong!")
    guess = input("What is my name? ")
    count = count + 1

if guess.lower() != name:
    print("You are wrong!") # this message isn't
printed in the third chance, so we print it now
    print("You ran out of chances.")
else:
    print("Yes! My name is", name + "!")
```

DICȚIONARE

Variabile care conțin perechi cheie/valoare

Acest capitol este despre dicționare. Dicționarele au chei și valori. Cheile sunt folosite pentru a găsi valorile. Iată un exemplu de dicționar utilizat:

```
def print_menu():
    print('1. Print Phone Numbers')
    print('2. Add a Phone Number')
    print('3. Remove a Phone Number')
    print('4. Lookup a Phone Number')
    print('5. Quit')
    print()

numbers = {}
menu_choice = 0
print_menu()
while menu_choice != 5:
    menu_choice = int(input("Type in a number (1-
5): "))
    if menu_choice == 1:
        print("Telephone Numbers:")
        for x in numbers.keys():
            print("Name: ", x, "\tNumber:",
numbers[x])
        print()
    elif menu_choice == 2:
        print("Add Name and Number")
        name = input("Name: ")
        phone = input("Number: ")
        numbers[name] = phone
    elif menu_choice == 3:
        print("Remove Name and Number")
        name = input("Name: ")
```

```
        if name in numbers:
            del numbers[name]
        else:
            print(name, "was not found")
    elif menu_choice == 4:
        print("Lookup Number")
        name = input("Name: ")
        if name in numbers:
            print("The number is", numbers[name])
        else:
            print(name, "was not found")
    elif menu_choice != 5:
        print_menu()
```

Și iată ieșirea mea:

```
1. Print Phone Numbers
2. Add a Phone Number
3. Remove a Phone Number
4. Lookup a Phone Number
5. Quit

Type in a number (1-5): 2
Add Name and Number
Name: Joe
Number: 545-4464
Type in a number (1-5): 2
Add Name and Number
Name: Jill
Number: 979-4654
Type in a number (1-5): 2
Add Name and Number
Name: Fred
Number: 132-9874
Type in a number (1-5): 1
Telephone Numbers:
Name: Jill      Number: 979-4654
Name: Joe       Number: 545-4464
Name: Fred      Number: 132-9874

Type in a number (1-5): 4
Lookup Number
```

```
Name: Joe
The number is 545-4464
Type in a number (1-5): 3
Remove Name and Number
Name: Fred
Type in a number (1-5): 1
Telephone Numbers:
Name: Jill      Number: 979-4654
Name: Joe       Number: 545-4464

Type in a number (1-5): 5
```

Acest program este similar cu lista de nume de mai devreme în capitolul despre liste. Iată cum funcționează programul. Mai întâi este definită funcția print_menu. print_menu doar tipărește un meniu care este folosit ulterior de două ori în program. Urmează liniile amuzante numbers = {}. Tot ceea ce face această linie este să îi spună lui Python că numbers este un dicționar. Următoarele linii doar fac meniul să funcționeze. Liniile

```
for x in numbers.keys():
    print("Name:", x, "\tNumber:", numbers[x])
```

parcurg dicționarul și tipăresc toate informațiile. Funcția numbers.keys() returnează o listă care este apoi folosită de bucla for . Lista returnată de keys() nu este într-o anumită ordine, așa că dacă o doriți în ordine alfabetică, trebuie sortată. Similar listelor, declarația numbers[x] este folosită pentru a accesa un anumit membru al dicționarului. Desigur, în acest caz x este un șir. În continuare, linia numbers[name] = phone adaugă un nume și un număr de telefon în dicționar. Dacă name ar fi fost deja în dicționar, phone ar înlocui orice era acolo înainte. În continuare liniile

```
if name in numbers:
    del numbers[name]
```

văd dacă un nume este în dicționar și îl șterge dacă este. Operatorul name in numbers returnează adevărat dacă name este în numbers, dar în caz contrar returnează fals. Linia del numbers[name] elimină numele cheii și valoarea asociată acelei chei. Liniile

```
if name in numbers:
    print("The number is", numbers[name])
```

verifică dacă dicționarul are o anumită cheie și dacă imprimă numărul asociat acesteia. În cele din urmă, dacă alegerea meniului este invalidă, meniul este retipărit pentru plăcerea dvs. de vizionare.

O recapitulare: Dicționarele au chei și valori. Cheile pot fi șiruri sau numere. Cheile indică valori. Valorile pot fi orice tip de variabilă (inclusiv liste sau chiar dicționare (acele dicționare sau liste, desigur, pot conține dicționare sau liste ele însele (înfricoșător, nu? :-)))). Iată un exemplu de utilizare a unei liste într-un dicționar:

```
max_points = [25, 25, 50, 25, 100]
assignments = ['hw ch 1', 'hw ch 2', 'quiz    ', 'hw
ch 3', 'test']
students = {'#Max': max_points}

def print_menu():
    print("1. Add student")
    print("2. Remove student")
    print("3. Print grades")
    print("4. Record grade")
    print("5. Print Menu")
    print("6. Exit")

def print_all_grades():
    print('\t', end=' ')
    for i in range(len(assignments)):
        print(assignments[i], '\t', end=' ')
    print()
    keys = list(students.keys())
    keys.sort()
    for x in keys:
        print(x, '\t', end=' ')
        grades = students[x]
        print_grades(grades)

def print_grades(grades):
    for i in range(len(grades)):
        print(grades[i], '\t', end=' ')
```

```
    print()

print_menu()
menu_choice = 0
while menu_choice != 6:
    print()
    menu_choice = int(input("Menu Choice (1-6): "))
    if menu_choice == 1:
        name = input("Student to add: ")
        students[name] = [0] * len(max_points)
    elif menu_choice == 2:
        name = input("Student to remove: ")
        if name in students:
            del students[name]
        else:
            print("Student:", name, "not found")
    elif menu_choice == 3:
        print_all_grades()
    elif menu_choice == 4:
        print("Record Grade")
        name = input("Student: ")
        if name in students:
            grades = students[name]
            print("Type in the number of the grade
to record")
            print("Type a 0 (zero) to exit")
            for i in range(len(assignments)):
                print(i + 1, assignments[i], '\t',
end=' ')
            print()
            print_grades(grades)
            which = 1234
            while which != -1:
                which = int(input("Change which
Grade: "))
                which -= 1    #same as which =
which - 1
                if 0 <= which < len(grades):
                    grade = int(input("Grade: "))
                    grades[which] = grade
                elif which != -1:
                    print("Invalid Grade Number")
```

```
        else:
            print("Student not found")
    elif menu_choice != 6:
        print_menu()
```

şi iată un exemplu de ieşire:

a

```
şi iată un exemplu de ieşire:
1. Add student
2. Remove student
3. Print grades
4. Record grade
5. Print Menu
6. Exit

Menu Choice (1-6): 3
       hw ch 1          hw ch 2          quiz
hw ch 3          test
#Max    25               25               50
25               100

Menu Choice (1-6): 5
1. Add student
2. Remove student
3. Print grades
4. Record grade
5. Print Menu
6. Exit

Menu Choice (1-6): 1
Student to add: Bill

Menu Choice (1-6): 4
Record Grade
Student: Bill
Type in the number of the grade to record
Type a 0 (zero) to exit
```

```
1    hw ch 1      2    hw ch 2      3    quiz          4
hw ch 3      5    test
0                 0                 0                  0
0
Change which Grade: 1
Grade: 25
Change which Grade: 2
Grade: 24
Change which Grade: 3
Grade: 45
Change which Grade: 4
Grade: 23
Change which Grade: 5
Grade: 95
Change which Grade: 0

Menu Choice (1-6): 3
       hw ch 1          hw ch 2          quiz
hw ch 3         test
#Max    25               25               50
25              100
Bill    25               24               45
23              95

Menu Choice (1-6): 6
```

Iată cum funcționează programul. Practic, variabila students este un dicționar cu cheile fiind numele elevilor și valorile fiind notele lor. Primele două linii doar creează două liste. Următoarea linie students = {'#Max': max_points} creează un nou dicționar cu key {#Max} și valoarea este setată să fie [25, 25, 50, 25, 100] (deoarece asta era max_points când se face atribuirea) (folosesc tasta #Max deoarece # este sortat înaintea oricăror caractere alfabetice). În continuare este definit print_menu. În continuare, funcția print_all_grades este definită în liniile:

```
def print_all_grades():
    print('\t',end=" ")
    for i in range(len(assignments)):
        print(assignments[i], '\t',end=" ")
    print()
```

```
keys = list(students.keys())
keys.sort()
for x in keys:
    print(x, '\t',end=' ')
    grades = students[x]
    print_grades(grades)
```

Observați cum sunt scoase mai întâi cheile din dicționarul students cu funcția keys din linia keys = list(students.keys()). keys este un iterabil și este convertit în listă, astfel încât toate funcțiile pentru liste să poată fi utilizate pe ea. Apoi cheile sunt sortate în linia keys.sort(). for este folosit pentru a trece prin toate cheile. Notele sunt stocate ca o listă în dicționar, astfel încât grades = students[x] oferă grades lista care este stocată la tasta x. Funcția print_grades doar tipărește o listă și este definită câteva rânduri mai târziu.

Liniile ulterioare ale programului implementează diferitele opțiuni ale meniului. Linia students[name] = [0] * len(max_points adaugă un student la cheia numelui lor. Notația [0] * len(max_points) creează doar o listă de 0-uri care are aceeași lungime ca lista max_points.

Intrarea de îndepărtare a studentului șterge doar un student similar cu exemplul de agendă telefonică. Alegerea înregistrării notelor este puțin mai complexă. Notele sunt preluate în linia grades = students[name] primește o referință la notele numelui studentului,name. O notă este apoi înregistrată în rândul grades[which] = grade. Este posibil să observați că grades nu sunt niciodată reintroduse în dicționarul studenților (ca în no students[name] = grades). Motivul pentru afirmația lipsă este că grades sunt de fapt un alt nume pentru students[name] și, prin urmare, schimbarea grades schimbă student[name].

Dicționarele oferă o modalitate ușoară de a lega cheile la valori. Aceasta poate fi folosită pentru a urmări cu ușurință datele care sunt atașate la diferite chei.

UTILIZAREA MODULELOR

Extensii la setul standard de funcționalități

Iată acest exercițiu de tastare din acest capitol (numiți-l *cal.py* (import caută de fapt un fișier numit *calendar.py* și îl citește. Dacă fișierul este numit *calendar.py* și vede un „calendar de import", încearcă să citească în sine , funcționând prost în cel mai bun caz.)):

```
import calendar
year = int(input("Type in the year number: "))
calendar.prcal(year)
```

Și iată o parte din rezultatul pe care l-am primit:

```
Type in the year number: 2001

                              2001

       January                         February
March

Mo Tu We Th Fr Sa Su         Mo Tu We Th Fr Sa Su
Mo Tu We Th Fr Sa Su
1  2  3  4  5  6  7                   1  2  3  4
1  2  3  4
8  9 10 11 12 13 14          5  6  7  8  9 10 11
5  6  7  8  9 10 11
15 16 17 18 19 20 21         12 13 14 15 16 17 18
12 13 14 15 16 17 18
22 23 24 25 26 27 28         19 20 21 22 23 24 25
19 20 21 22 23 24 25
29 30 31                     26 27 28
26 27 28 29 30 31
```

(Am sărit o parte din rezultate, dar cred că ați înțeles ideea.) Deci, ce face programul? Prima linie import calendar folosește o nouă comandă import. Comanda import încarcă un modul (în acest caz modulul calendar). Pentru a vedea comenzile disponibile în modulele standard, fie căutați în bibliotecă referința pentru python (dacă l-ați descărcat), fie accesați http://docs.python.org/3/library/. Dacă te uiți la documentația pentru modulul de calendar, acesta listează o funcție numită prcal care tipărește un calendar pentru un an. Linia calendar.prcal(year) folosește această funcție. În rezumat, pentru a utiliza un modul, importați-l și apoi utilizați module_name.function pentru funcțiile din modul. O altă modalitate de a scrie programul este:

```
from calendar import prcal

year = int(input("Type in the year number: "))
prcal(year)
```

Această versiune importă o funcție specifică dintr-un modul. Iată un alt program care folosește Biblioteca Python (numiți-o ceva gen *clock.py*) (apăsați Ctrl și tasta „c” în același timp pentru a încheia programul):

```
from time import time, ctime

prev_time = ""
while True:
    the_time = ctime(time())
    if prev_time != the_time:
        print("The time is:", ctime(time()))
        prev_time = the_time
```

Cu unele ieșiri fiind:

```
The time is: Sun Aug 20 13:40:04 2000
The time is: Sun Aug 20 13:40:05 2000
The time is: Sun Aug 20 13:40:06 2000
The time is: Sun Aug 20 13:40:07 2000

Traceback (innermost last):
 File "clock.py", line 5, in ?
    the_time = ctime(time())
```

```
KeyboardInterrupt
```

Ieşirea este infinită, desigur, aşa că am anulat-o (sau cel puţin ieşirea continuă până când este apăsat Ctrl+C). Programul face doar o buclă infinită (True este întotdeauna adevărat, deci while True: merge pentru totdeauna) şi de fiecare dată verifică dacă timpul s-a schimbat şi îl tipăreşte dacă s-a schimbat. Observaţi cum sunt folosite mai multe nume după instrucţiunea de import în linia from time import time, ctime.

Biblioteca Python conţine multe funcţii utile. Aceste funcţii oferă programelor tale mai multe abilităţi şi multe dintre ele pot simplifica programarea în Python.

EXERCIŢII

Rescrieţi programul high_low.py din secţiunea *Decizii* pentru a utiliza un număr întreg aleatoriu între 0 şi 99 în loc de codul hard 7. Folosiţi documentaţia Python pentru a găsi un modul şi o funcţie adecvată pentru a face acest lucru.

Soluţie

Soluţie

Rescrieţi programul high_low.py din secţiunea *Decizii* pentru a utiliza un număr întreg aleatoriu între 0 şi 99 în loc de codul hard 7. Folosiţi documentaţia Python pentru a găsi un modul şi o funcţie adecvată pentru a face acest lucru.

```
from random import randint
number = randint(0, 99)
guess = -1
while guess != number:
    guess = int(input ("Guess a number: "))
    if guess > number:
        print("Too high")
    elif guess < number:
            print("Too low")
print("Just right")
```

ALTE MODULE

Alte module
Uneori doriți să utilizați un modul Python care nu vine cu instalarea Python. De asemenea, le puteți importa, dar trebuie să le aveți instalate pe computer.

Crearea propriului modul

Când python citește comanda de import, mai întâi verifică fișierele din directorul tău, apoi pachetele de site sau modulele preinstalate. Pentru a vă crea propriul modul, trebuie doar să creați un fișier *.py* în directorul curent și să utilizați comanda:

```
import module
```

Acesta va încerca să importe fișierul *module.py* din directorul dvs. curent și, dacă nu este găsit, din pachete de site și module preinstalate. Schimbarea modulului cu numele fișierului *.py* pe care l-ați creat va importa acel fișier.

Cu toate acestea, atunci când importă modulul, practic va porni fișierul ca program, astfel încât orice cod de acolo va fi rulat. Doriți să grupați tot codul în funcții.

__name__ == __main__

În python, variabila __name__ vă va oferi numele curent al programului. Dacă un modul pe care îl importați tipărește variabila __name__, atunci va tipări numele modulului. Dacă fișierul curent tipărește variabila __name__, va tipări __name__, pentru a arăta că este programul principal.

Dacă o instrucțiune if verifică variabila name și rulează codul dacă programul este principal, poate ocoli problema de rulare neintenționată creată atunci când un modul este importat. Să spunem, de exemplu, că aveți un fișier, care rulează un cod. De asemenea, are o funcție pe care doriți să o utilizați într-un alt program. Cu toate acestea, doriți doar funcția, nu să rulați codul. Prin configurarea codului de mai jos, acesta va rula codul numai dacă este fișierul pe care s-a făcut clic sau a fost pornit, nu dacă a fost importat.

```
if __name__ == '__main__':
    pass
```

În acest caz, dacă fișierul este rulat, dar nu este importat, va rula comanda pass. Puteți înlocui comanda pass cu codul pe care doriți să îl rulați atunci când nu este importat. Nu uitați să indentați codul.

Modulul pip

Modulul pip este un modul care vine odată cu instalarea Python și acționează ca un program de descărcare/manager de module. Puteți descărca alte module de pe internet cu pip.

Modulul pip nu este utilizat în interpretul Python, ci este rulat prin linia de comandă. Pentru a-l folosi, deschideți interpretul de linie de comandă (pentru Windows este Command Prompt, pentru Mac/Linux este Terminal) și introduceți următorul cod:

```
py3 -m pip install module
```

sau codul alternativ

```
pip install module
```

Acesta va încerca să descarce și să instaleze modulul din baza de date a modulelor Python trimisă de utilizator. Modulul poate fi schimbat cu numele modulului.

MAI MULTE DESPRE LISTE

Utilizarea elementelor sau părților listelor

Am văzut deja liste și cum pot fi folosite. Acum că aveți mai multe informații, voi intra în mai multe detalii despre liste. Mai întâi ne vom uita la mai multe modalități de a ajunge la elementele dintr-o listă și apoi vom vorbi despre copierea lor.

Iată câteva exemple de utilizare a indexării pentru a accesa un singur element dintr-o listă:

```
>>> some_numbers = ['zero', 'one', 'two', 'three',
'four', 'five']
>>> some_numbers[0]
'zero'
>>> some_numbers[4]
'four'
>>> some_numbers[5]
'five'
```

Toate aceste exemple ar trebui să vă pară familiare. Dacă doriți primul articol din listă, priviți indexul 0. Al doilea element este indexul 1 și așa mai departe prin listă. Dar dacă doriți ultimul element din listă? O modalitate ar putea fi să folosiți funcția len() ca some_numbers[len(some_numbers) - 1]. Acest mod funcționează deoarece funcția len() returnează întotdeauna ultimul indice plus unu. Al doilea din ultimul ar fi atunci some_numbers[len(some_numbers) - 2]. Există o modalitate mai simplă de a face acest lucru. În Python, ultimul element este întotdeauna indexul -1. Al doilea este indexul -2 și așa mai departe. Iată mai multe exemple:

```
>>> some_numbers[len(some_numbers) - 1]
'five'
>>> some_numbers[len(some_numbers) - 2]
```

```
'four'
>>> some_numbers[-1]
'five'
>>> some_numbers[-2]
'four'
>>> some_numbers[-6]
'zero'
```

Astfel, orice articol din listă poate fi indexat în două moduri: din față și din spate.

O altă modalitate utilă de a intra în părți ale listelor este utilizarea tăierii. Iată un alt exemplu pentru a vă face o idee la ce pot fi folosite:

```
>>> things = [0, 'Fred', 2, 'S.P.A.M.', 'Stocking',
42, "Jack", "Jill"]
>>> things[0]
0
>>> things[7]
'Jill'
>>> things[0:8]
[0, 'Fred', 2, 'S.P.A.M.', 'Stocking', 42, 'Jack',
'Jill']
>>> things[2:4]
[2, 'S.P.A.M.']
>>> things[4:7]
['Stocking', 42, 'Jack']
>>> things[1:5]
['Fred', 2, 'S.P.A.M.', 'Stocking']
```

Tăierea este folosită pentru a returna o parte a unei liste. Operatorul de tăiere este sub forma things[first_index:last_index]. Tăierea taie lista înaintea first_index și înaintea last_index și returnează părțile intermediare. Puteți utiliza ambele tipuri de indexare:

```
>>> things[-4:-2]
['Stocking', 42]
>>> things[-4]
'Stocking'
>>> things[-4:6]
['Stocking', 42]
```

Un alt truc cu tăierea este indexul nespecificat. Dacă primul index nu este specificat, se presupune a fi începutul listei. Dacă ultimul index nu este specificat, se presupune întregul rest al listei. Aici sunt cateva exemple:

```
>>> things[:2]
[0, 'Fred']
>>> things[-2:]
['Jack', 'Jill']
>>> things[:3]
[0, 'Fred', 2]
>>> things[:-5]
[0, 'Fred', 2]
```

Iată un exemplu de program (inspirat din HTML) (copiați și lipiți în definiția poemului dacă doriți):

```
poem = ["<B>", "Jack", "and", "Jill", "</B>",
"went", "up", "the",
        "hill", "to", "<B>", "fetch", "a", "pail",
"of", "</B>",
        "water.", "Jack", "fell", "<B>", "down",
"and", "broke",
        "</B>", "his", "crown", "and", "<B>",
"Jill", "came",
        "</B>", "tumbling", "after"]

def get_bold(text):
    true = 1
    false = 0
    ## is_bold spune dacă ne uităm sau nu în
prezent la
    ## o secțiune aldine de text.
    is_bold = false
    ## start_block este indexul începutului fie al
unui segment
    ## de text aldine sau la un segment aldine.
    start_block = 0
    for index in range(len(text)):
        ## Gestionează un început de text aldine
        if text[index] == "<B>":
            if is_bold:
```

```
                    print("Error: Extra Bold")
                ## imprimă "Not Bold:",
text[start_block:index]
                is_bold = true
                start_block = index + 1
            ## Gestionează sfârșitul textului aldin
            ## Amintiți-vă că ultimul număr dintr-o
tăiere este indexul
            ## după ultimul indice utilizat.
            if text[index] == "</B>":
                if not is_bold:
                    print("Error: Extra Close Bold")
                print("Bold [", start_block, ":",
index, "]", text[start_block:index])
                is_bold = false
                start_block = index + 1

get_bold(poem)
```

cu rezultatul fiind:

```
Bold [ 1 : 4 ] ['Jack', 'and', 'Jill']
Bold [ 11 : 15 ] ['fetch', 'a', 'pail', 'of']
Bold [ 20 : 23 ] ['down', 'and', 'broke']
Bold [ 28 : 30 ] ['Jill', 'came']
```

Funcția get_bold() preia o listă care este împărțită în cuvinte și simboluri. Indicatoarele pe care le caută sunt <B> care începe textul aldin și </B> cu care se termină textul aldin. Funcția get_bold() parcurge și caută indicatoarele de început și de sfârșit.

Următoarea caracteristică a listelor este copierea acestora. Dacă încerci ceva simplu de genul:

```
>>> a = [1, 2, 3]
>>> b = a
>>> print(b)
[1, 2, 3]
>>> b[1] = 10
>>> print(b)
[1, 10, 3]
>>> print(a)
[1, 10, 3]
```

Probabil că acest lucru pare surprinzător, deoarece o modificare a lui b a dus şi la o schimbare. Ceea ce sa întâmplat este că afirmaţia b = a face din b o *referire* la a. Aceasta înseamnă că b poate fi considerat un alt nume pentru a. Prin urmare, orice modificare a lui b modifică şi a. Oricum, unele teme nu creează două nume pentru o listă:

```
>>> a = [1, 2, 3]
>>> b = a * 2
>>> print(a)
[1, 2, 3]
>>> print(b)
[1, 2, 3, 1, 2, 3]
>>> a[1] = 10
>>> print(a)
[1, 10, 3]
>>> print(b)
[1, 2, 3, 1, 2, 3]
```

În acest caz, b nu este o referinţă la a, deoarece expresia a * 2 creează o nouă listă. Atunci afirmaţia b = a * 2 dă lui b o referinţă la a * 2, mai degrabă decât o referire la a. Toate operaţiunile de atribuire creează o referinţă. Când treceţi o listă ca argument unei funcţii, creaţi şi o referinţă. De cele mai multe ori nu trebuie să vă faceţi griji cu privire la crearea referinţelor, mai degrabă decât a copiilor. Cu toate acestea, atunci când trebuie să faceţi modificări unei liste fără a schimba un alt nume al listei, trebuie să vă asiguraţi că aţi creat de fapt o copie.

Există mai multe moduri de a face o copie a unei liste. Cel mai simplu care funcţionează de cele mai multe ori este operatorul *slice*, deoarece face întotdeauna o nouă listă, chiar dacă este o tăiere dintr-o listă întreagă:

```
>>> a = [1, 2, 3]
>>> b = a[:]
>>> b[1] = 10
>>> print(a)
[1, 2, 3]
>>> print(b)
[1, 10, 3]
```

Folosirea tăierii [:] creează o nouă copie a listei. Cu toate acestea, copiază doar lista exterioară. Orice sublistă din interior este încă o referință la sublista din lista originală. Prin urmare, atunci când lista conține liste, listele interioare trebuie copiate și ele. Puteți face asta manual, dar Python conține deja un modul pentru a face acest lucru. Utilizați funcția deepcopy a modulului copy:

```
>>> import copy
>>> a = [[1, 2, 3], [4, 5, 6]]
>>> b = a[:]
>>> c = copy.deepcopy(a)
>>> b[0][1] = 10
>>> c[1][1] = 12
>>> print(a)
[[1, 10, 3], [4, 5, 6]]
>>> print(b)
[[1, 10, 3], [4, 5, 6]]
>>> print(c)
[[1, 2, 3], [4, 12, 6]]
```

În primul rând, observați că a este o listă de liste. Apoi observați că atunci când b[0][1] = 10 este rulat, ambele a și b sunt modificate, dar c nu este. Acest lucru se întâmplă deoarece zonele interioare sunt încă referințe atunci când este utilizat operatorul *slice*. Cu toate acestea, cu deepcopy c a fost copiat complet.

Deci, ar trebui să-mi fac griji pentru referințe de fiecare dată când folosesc o funcție sau =? Vestea bună este că trebuie să vă faceți griji doar pentru referințe atunci când utilizați dicționare și liste. Numerele și șirurile creează referințe atunci când sunt atribuite, dar fiecare operație asupra numerelor și șirurilor care le modifică creează o nouă copie, astfel încât să nu le puteți modifica niciodată în mod neașteptat. Trebuie să vă gândiți la referințe atunci când modificați o listă sau un dicționar.

Până acum probabil vă întrebați de ce sunt folosite referințele?

Motivul de bază este viteza. Este mult mai rapid să faci o referire la o listă de o mie de elemente decât să copiezi toate elementele. Celălalt motiv este că vă permite să aveți o funcție pentru a modifica lista sau dicționarul introdus. Amintiți-vă doar despre referințe dacă aveți vreodată vreo problemă ciudată cu datele care sunt modificate atunci când nu ar trebui.

De ce sunt folosite referințele? Motivul de bază este viteza. Este mult mai rapid să faci o referire la o listă de o mie de elemente decât să copiezi toate elementele. Celălalt motiv este că vă permite să aveți o funcție pentru a modifica lista sau dicționarul introdus. Amintiți-vă doar despre referințe dacă aveți vreodată vreo problemă ciudată cu datele care sunt modificate atunci când nu ar trebui.

RĂZBUNAREA ȘIRURILOR

Manipulări mai avansate de text

Și acum prezentăm un truc grozav care se poate face cu șiruri:

```
def shout(string):
    for character in string:
        print("Gimme an " + character)
        print("'" + character + "'")

shout("Lose")

def middle(string):
    print("The middle character is:",
string[len(string) // 2])

middle("abcdefg")
middle("The Python Programming Language")
middle("Atlanta")
```

Și ieșirea este:

```
Gimme an L
'L'
Gimme an o
'o'
Gimme an s
's'
Gimme an e
'e'
The middle character is: d
The middle character is: r
The middle character is: a
```

Ceea ce demonstrează aceste programe este că șirurile sunt similare listelor în mai multe moduri. Funcția shout() arată că buclele for pot fi folosite cu șiruri de caractere la fel cum pot fi folosite cu liste. Procedura de mijloc arată că acele șiruri de caractere pot folosi, de asemenea, funcția len() și indici și părți de matrice. Cele mai multe caracteristici ale listei funcționează și pe șiruri.

Următoarea caracteristică demonstrează câteva caracteristici specifice șirului:

```
def to_upper(string):
    ## Convertelte un șir la majuscule
    upper_case = ""
    for character in string:
        if 'a' <= character <= 'z':
            location = ord(character) - ord('a')
            new_ascii = location + ord('A')
            character = chr(new_ascii)
        upper_case = upper_case + character
    return upper_case

print(to_upper("This is Text"))
```

cu ieșirea fiind:

```
THIS IS TEXT
```

Acest lucru funcționează deoarece computerul reprezintă caracterele unui șir ca numere de la 0 la 1.114.111. De exemplu, „A" este 65, „B" este 66 și א este 1488. Valorile sunt în format unicod. Python are o funcție numită ord()(prescurtare de la ordinal) care returnează un caracter ca număr. Există, de asemenea, o funcție corespunzătoare numită chr() care convertește un număr într-un caracter. Având în vedere acest lucru, programul ar trebui să înceapă să fie clar. Primul detaliu este linia: if 'a' <= character <= 'z': care verifică dacă o literă este cu minuscule. Dacă este, atunci se folosesc rândurile următoare. Mai întâi este convertit într-o locație astfel încât a = 0, b = 1, c = 2 și așa mai departe cu linia: location = ord(character) - ord('a'). Apoi noua valoare este găsită cu new_ascii = location + ord('A'). Această valoare este convertită înapoi într-un caracter care este acum majuscule. Rețineți că, dacă aveți nevoie într-adevăr de majuscule ale unei litere, ar trebui să utilizați u=var.upper() care va funcționa și cu alte limbaje.

Acum, pentru un exercițiu interactiv de tastare:

```
>>> # De la întreg la șir
>>> 2
2
>>> repr(2)
'2'
>>> -123
-123
>>> repr(-123)
'-123'
>>> # De la șit la întreg
>>> "23"
'23'
>>> int("23")
23
>>> "23" * 2
'2323'
>>> int("23") * 2
46
>>> # De la float la șir
>>> 1.23
1.23
>>> repr(1.23)
'1.23'
>>> # De la float la întreg
>>> 1.23
1.23
>>> int(1.23)
1
>>> int(-1.23)
-1
>>> # De la șit la float
>>> float("1.23")
1.23
>>> "1.23"
'1.23'
>>> float("123")
123.0
```

Dacă nu ați ghicit deja, funcția repr() poate converti un număr întreg într-un șir, iar funcția int() poate converti un șir într-un număr întreg.

Funcția float() poate converti un șir într-un float. Funcția repr() returnează o reprezentare imprimabilă a ceva. Iată câteva exemple în acest sens:

```
>>> repr(1)
'1'
>>> repr(234.14)
'234.14'
>>> repr([4, 42, 10])
'[4, 42, 10]'
```

Funcția int() încearcă să convertească un șir (sau un float) într-un număr întreg. Există, de asemenea, o funcție similară numită float() care va converti un întreg sau un șir într-un float. O altă funcție pe care o are Python este funcția eval(). Funcția eval() ia un șir și returnează date de tipul pe care Python crede că le-a găsit. De exemplu:

```
>>> v = eval('123')
>>> print(v, type(v))
123 <type 'int'>
>>> v = eval('645.123')
>>> print(v, type(v))
645.123 <type 'float'>
>>> v = eval('[1, 2, 3]')
>>> print(v, type(v))
[1, 2, 3] <type 'list'>
```

Dacă utilizați funcția eval(), ar trebui să verificați dacă returnează tipul la care vă așteptați.

O funcție șir utilă este metoda split(). Iată un exemplu:

```
>>> "This is a bunch of words".split()
['This', 'is', 'a', 'bunch', 'of', 'words']
>>> text = "First batch, second batch, third,
fourth"
>>> text.split(",")
['First batch', ' second batch', ' third', '
fourth']
```

Observați cum split() convertește un șir într-o listă de șiruri. Șirul este împărțit implicit prin spații albe sau după argumentul opțional (în acest caz o virgulă). De asemenea, puteți adăuga un alt argument care spune lui split() de câte ori va fi folosit separatorul pentru a împărți textul. De exemplu:

```
>>> list = text.split(",")
>>> len(list)
4
>>> list[-1]
' fourth'
>>> list = text.split(",", 2)
>>> len(list)
3
>>> list[-1]
' third, fourth'
```

TĂIEREA ȘIRURILOR (ȘI LISTELOR)

Șirurile pot fi tăiate în piese — în același mod în care a fost arătat pentru liste din capitolul anterior — folosind operatorul *„de tăiere "* []. Operatorul de tăiere funcționează în același mod ca și înainte: text[first_index:last_index] (în cazuri foarte rare pot exista alte două puncte și un al treilea argument, ca în exemplul prezentat mai jos).

Pentru a nu fi confundat cu numerele de index, cel mai ușor este să le vedeți ca *locuri de tăiere*, posibilități de a tăia un șir în părți. Iată un exemplu, care arată locurile de tăiere (în galben) și numerele lor de index (roșu și albastru) pentru un șir de text simplu:

```
         0    1    2    ...   -2   -1
         ↓    ↓    ↓    ↓     ↓    ↓    ↓
text = "    S    T    R    I    N    G    "
         ↑                                ↑
        [:                               :]
```

Rețineți că indicii roșii sunt numărați de la începutul șirului, iar cei albaștri de la sfârșitul șirului înapoi. (Rețineți că nu există -0 albastru, care ar putea părea a fi logic la sfârşitul şirului. Deoarece -0 == 0, -0 înseamnă şi „începutul şirului”.) Acum suntem gata să folosim indexuri pentru operaţiunile de tăiere:

text[1:4] →	"TRI"
text[:5] →	"STRIN"
text[:-1] →	"STRIN"
text[-4:] →	"RING"
text[2] →	"R"
text[:] →	"STRING"
text[::-1] →	"GNIRTS"

text[1:4] →	"TRI"
text[:5] →	"STRIN"
text[:-1] →	"STRIN"
text[-4:] →	"RING"
text[2] →	"R"
text[:] →	"STRING"
text[::-1] →	"GNIRTS"

text[1:4] ne dă întregul şir de text dintre locurile de tăiere 1 şi 4, "TRI". Dacă omiteţi unul dintre argumentele [first_index:last_index], obţineţi începutul sau sfârşitul şirului implicit: text[:5] dă "STRIN". Atât pentru first_index, cât şi pentru last_index putem folosi atât schema de numerotare roşie, cât şi albastră: text[:-1] dă la fel ca text[:5], deoarece indexul -1 este în acelaşi loc cu 5 în acest caz. Dacă nu folosim un argument care conţine două puncte, numărul este tratat într-un mod diferit: text[2 ne dă un caracter după al doilea punct de tăiere, "R". Operaţiunea specială de tăiere text[:] înseamnă „de la început până la sfârşit” şi produce o copie a întregului şir (sau a listei, aşa cum se arată în capitolul anterior).

Nu în ultimul rând, operaţia de tăiere poate avea un al doilea punct şi un al treilea argument, care este interpretat ca „dimensiunea pasului”: text[::-1] este text de la început până la sfârşit, cu dimensiunea pasului de -1 . -1 înseamnă „fiecare caracter, dar în cealaltă direcţie”. "STRING" înapoi este "GNIRTS" (testaţi o lungime de pas de 2, dacă nu aţi înţeles punctul aici).

Toate aceste operațiuni de tăiere funcționează și cu liste. În acest sens, șirurile sunt doar un caz special de liste, în care elementele listei sunt caractere simple. Amintiți-vă doar conceptul de *locuri de tăiere*, iar indexurile pentru tăierea lucrurilor vor deveni mult mai puțin confuze.

EXEMPLE

```
# Acest program necesită o înțelegere excelentă a
numerelor zecimale.
def to_string(in_int):
    """Converts an integer to a string"""
    out_str = ""
    prefix = ""
    if in_int < 0:
        prefix = "-"
        in_int = -in_int
    while in_int // 10 != 0:
        out_str = str(in_int % 10) + out_str
        in_int = in_int // 10
    out_str = str(in_int % 10) + out_str
    return prefix + out_str

def to_int(in_str):
    """Converts a string to an integer"""
    out_num = 0
    if in_str[0] == "-":
        multiplier = -1
        in_str = in_str[1:]
    else:
        multiplier = 1
    for c in in_str:
        out_num = out_num * 10 + int(c)
    return out_num * multiplier

print(to_string(2))
print(to_string(23445))
print(to_string(-23445))
print(to_int("14234"))
print(to_int("12345"))
print(to_int("-3512"))
```

Ieşirea este

```
2
23445
-23445
14234
12345
-3512
```

FIȘIERUL IO

Citirea din fișiere și scrierea în fișiere

FIȘIERUL I/O

Iată un exemplu simplu de fişier I/O (intrare/ieşire):

```
# Scrie un fișier
with open("test.txt", "wt") as out_file:
    out_file.write("This Text is going to out
file\nLook at it and see!")

# Citește un fișier
with open("test.txt", "rt") as in_file:
    text = in_file.read()

print(text)
```

Ieșirea și conținutul fișierului test.txt sunt:

```
This Text is going to out file
Look at it and see!
```

Observați că s-a scris un fişier numit test.txt în directorul din care ați rulat programul. \n din şir îi spune lui Python să pună o linie *nouă* acolo unde este.

O prezentare generală a fişierelor I/O este:

- Obţineţi un obiect fişier cu funcţia open
- Citiți sau scrieți în obiectul fişier (în funcţie de modul în care a fost deschis)
- Dacă nu aţi folosit with pentru a deschide fişierul, va trebui să îl închideţi manual.

Primul pas este să obţineţi un obiect fişier. Modul de a face acest lucru este să utilizați funcția open. Formatul este file_object = open(filename, mode) unde file_object este variabila pentru a pune obiectul fișierului, filename este un șir cu numele fișierului și mode este "rt" pentru a citi un fișier ca text sau „wt" pentru a scrie un fișier ca text (și alte câteva pe care le vom sări aici). În continuare pot fi apelate funcțiile obiectelor fișierului. Cele mai comune două funcții sunt read și write. Funcția write adaugă un șir la sfârșitul fișierului. Funcția read citește următorul lucru din fișier și îl returnează ca șir. Dacă nu este dat niciun argument, va returna întregul fișier (așa cum se face în exemplu).

Acum, iată o nouă versiune a programului de numere de telefon pe care l-am creat mai devreme:

```
def print_numbers(numbers):
    print("Telephone Numbers:")
    for k, v in numbers.items():
        print("Name:", k, "\tNumber:", v)
    print()

def add_number(numbers, name, number):
    numbers[name] = number

def lookup_number(numbers, name):
    if name in numbers:
        return "The number is " + numbers[name]
    else:
        return name + " was not found"

def remove_number(numbers, name):
    if name in numbers:
        del numbers[name]
    else:
        print(name," was not found")

def load_numbers(numbers, filename):
    in_file = open(filename, "rt")
    while True:
        in_line = in_file.readline()
        if not in_line:
            break
        in_line = in_line[:-1]
        name, number = in_line.split(",")
```

```
        numbers[name] = number
    in_file.close()

def save_numbers(numbers, filename):
    out_file = open(filename, "wt")
    for k, v in numbers.items():
        out_file.write(k + "," + v + "\n")
    out_file.close()

def print_menu():
    print('1. Print Phone Numbers')
    print('2. Add a Phone Number')
    print('3. Remove a Phone Number')
    print('4. Lookup a Phone Number')
    print('5. Load numbers')
    print('6. Save numbers')
    print('7. Quit')
    print()

phone_list = {}
menu_choice = 0
print_menu()
while True:
    menu_choice = int(input("Type in a number (1-
7): "))
    if menu_choice == 1:
        print_numbers(phone_list)
    elif menu_choice == 2:
        print("Add Name and Number")
        name = input("Name: ")
        phone = input("Number: ")
        add_number(phone_list, name, phone)
    elif menu_choice == 3:
        print("Remove Name and Number")
        name = input("Name: ")
        remove_number(phone_list, name)
    elif menu_choice == 4:
        print("Lookup Number")
        name = input("Name: ")
        print(lookup_number(phone_list, name))
    elif menu_choice == 5:
        filename = input("Filename to load: ")
```

```
        load_numbers(phone_list, filename)
    elif menu_choice == 6:
        filename = input("Filename to save: ")
        save_numbers(phone_list, filename)
    elif menu_choice == 7:
        break
    else:
        print_menu()

print("Goodbye")
```

Observați că acum include salvarea și încărcarea fișierelor. Iată câteva rezultate ale rulării mele de două ori:

```
1. Print Phone Numbers
2. Add a Phone Number
3. Remove a Phone Number
4. Lookup a Phone Number
5. Load numbers
6. Save numbers
7. Quit

Type in a number (1-7): 2
Add Name and Number
Name: Jill
Number: 1234
Type in a number (1-7): 2
Add Name and Number
Name: Fred
Number: 4321
Type in a number (1-7): 1
Telephone Numbers:
Name: Jill     Number: 1234
Name: Fred     Number: 4321

Type in a number (1-7): 6
Filename to save: numbers.txt
Type in a number (1-7): 7
Goodbye

1. Print Phone Numbers
2. Add a Phone Number
```

```
3. Remove a Phone Number
4. Lookup a Phone Number
5. Load numbers
6. Save numbers
7. Quit

Type in a number (1-7): 5
Filename to load: numbers.txt
Type in a number (1-7): 1
Telephone Numbers:
Name: Jill      Number: 1234
Name: Fred      Number: 4321

Type in a number (1-7): 7
Goodbye
```

Noile părţi ale acestui program sunt:

```
def load_numbers(numbers, filename):
    in_file = open(filename, "rt")
    while True:
        in_line = in_file.readline()
        if not in_line:
            break
        in_line = in_line[:-1]
        name, number = in_line.split(",")
        numbers[name] = number
    in_file.close()

def save_numbers(numbers, filename):
    out_file = open(filename, "wt")
    for k, v in numbers.items():
        out_file.write(k + "," + v + "\n")
    out_file.close()
```

Mai întâi ne vom uita la porţiunea de salvare a programului. Mai întâi creează un obiect fişier cu comanda open(filename, "wt"). Apoi parcurge şi creează o linie pentru fiecare dintre numerele de telefon cu comanda out_file.write(k + "," + v + "\n"). Aceasta scrie o linie care conţine numele, o virgulă, numărul şi urmează o nouă linie.

Porţiunea de încărcare este puţin mai complicată. Începe prin obținerea unui obiect fișier. Apoi folosește o buclă while True: pentru a continua bucla până când este întâlnită o instrucțiune break. Apoi primește o linie cu linia in_line = in_file.readline(). Funcția readline va returna un șir gol când se ajunge la sfârșitul fișierului. Declarația if verifică acest lucru și scoate breaks din bucla while când se întâmplă asta. Desigur, dacă funcția readline nu returnează linia nouă la sfârșitul liniei, nu ar exista nicio modalitate de a spune dacă un șir gol este o linie goală sau sfârșitul fișierului, astfel încât linia nouă este lăsată în ceea ce returnează readline. Prin urmare, trebuie să scăpăm de noua linie. Linia in_line = in_line[:-1] face acest lucru pentru noi prin eliminarea ultimului caracter. În continuare, linia name, number = in_line.split(",") împarte linia la virgulă într-un nume și un număr. Acesta este apoi adăugat la dicționarul de numere.

UTILIZAREA AVANSATĂ A FIȘIERELOR .TXT

S-ar putea să vă spuneți: „Ei bine, știu să citesc și să scriu într-un fișier text, dar ce se întâmplă dacă vreau să imprim fișierul fără a deschide alt program?"

Există câteva moduri diferite de a realiza acest lucru. Cel mai simplu mod este de a deschide un alt program, dar totul este preluat de codul Python și nu necesită ca utilizatorul să specifice un fișier care urmează să fie imprimat. Această metodă implică invocarea subprocesului altui program.

Vă amintiți fișierul în care am scris rezultat în programul de mai sus? Să folosim acel fișier. Rețineți, pentru a preveni unele erori, acest program folosește concepte din capitolul următor. Vă rugăm să nu ezitați să revedeți acest exemplu după următorul capitol.

```
import subprocess
def main():
    try:
        print("This small program invokes the print
function in the Notepad application")
        #Lets print the file we created in the
program above

subprocess.call(['notepad','/p','numbers.txt'])
    except WindowsError:
```

```
        print("The called subprocess does not
exist, or cannot be called.")

main()
```

subprocess.call are trei argumente. Primul argument în contextul acestui exemplu ar trebui să fie numele programului din care doriți să invocați subprocesul de imprimare. Al doilea argument ar trebui să fie subprocesul specific din acel program. Pentru simplitate, înțelegeți doar că în acest program, '/p' este subprocesul folosit pentru a vă accesa imprimanta prin aplicația specificată. Ultimul argument ar trebui să fie numele fișierului pe care doriți să-l trimiteți la subprocesul de imprimare. În acest caz, este același fișier folosit mai devreme în acest capitol.

EXERCIȚII

Acum modificați programul de note din secțiunea *Dicționare*, astfel încât să folosească fișierul I/O pentru a păstra o evidență a studenților.

Soluție

Acum modificați programul de note din secțiunea *Dicționare*, astfel încât să folosească fișierul I/O pentru a păstra o evidență a studenților.

```
assignments = ['hw ch 1', 'hw ch 2', 'quiz   ', 'hw
ch 3', 'test']
students = { }

def load_grades(gradesfile):
    inputfile = open(gradesfile, "r")
    grades = [ ]
    while True:
        student_and_grade = inputfile.readline()
        student_and_grade = student_and_grade[:-1]
        if not student_and_grade:
            break
        else:
            studentname, studentgrades =
student_and_grade.split(",")
```

```
            studentgrades = studentgrades.split("
")
            students[studentname] = studentgrades
    inputfile.close()
    print("Grades loaded.")

def save_grades(gradesfile):
    outputfile = open(gradesfile, "w")
    for k, v in students.items():
        outputfile.write(k + ",")
        for x in v:
            outputfile.write(str(x) + " ")
        outputfile.write("\n")
    outputfile.close()
    print("Grades saved.")

def print_menu():
    print("1. Add student")
    print("2. Remove student")
    print("3. Load grades")
    print("4. Record grade")
    print("5. Print grades")
    print("6. Save grades")
    print("7. Print Menu")
    print("9. Quit")

def print_all_grades():
    if students:
        keys = sorted(students.keys())
        print('\t', end=' ')
        for x in assignments:
            print(x, '\t', end=' ')
        print()
        for x in keys:
            print(x, '\t', end=' ')
            grades = students[x]
            print_grades(grades)
    else:
        print("There are no grades to print.")

def print_grades(grades):
    for x in grades:
```

```
        print(x, '\t', end=' ')
    print()

print_menu()
menu_choice = 0
while menu_choice != 9:
    print()
    menu_choice = int(input("Menu Choice: "))
    if menu_choice == 1:
        name = input("Student to add: ")
        students[name] = [0] * len(assignments)
    elif menu_choice == 2:
        name = input("Student to remove: ")
        if name in students:
            del students[name]
        else:
            print("Student:", name, "not found")
    elif menu_choice == 3:
        gradesfile = input("Load grades from which
file? ")
        load_grades(gradesfile)
    elif menu_choice == 4:
        print("Record Grade")
        name = input("Student: ")
        if name in students:
            grades = students[name]
            print("Type in the number of the grade
to record")
            print("Type a 0 (zero) to exit")
            for i,x in enumerate(assignments):
                print(i + 1, x, '\t', end=' ')
            print()
            print_grades(grades)
            which = 1234
            while which != -1:
                which = int(input("Change which
Grade: "))
                which -= 1
                if 0 <= which < len(grades):
                    grade = input("Grade: ") #
Change from float(input()) to input() to avoid an
error when saving
```

```
                grades[which] = grade
            elif which != -1:
                print("Invalid Grade Number")
        else:
            print("Student not found")
    elif menu_choice == 5:
        print_all_grades()
    elif menu_choice == 6:
        gradesfile = input("Save grades to which
file? ")
        save_grades(gradesfile)
    elif menu_choice != 9:
        print_menu()
```

CONFRUNTAREA CU IMPERFECTUL

Cum să gestionezi erorile

...sau cum să gestionați erorile de închidere a fișierelor cu with

Folosim instrucțiunea „with” pentru a deschide și închide fișierele. [1][2]

```
with open("in_test.txt", "rt") as in_file:
    with open("out_test.txt", "wt") as out_file:
        text = in_file.read()
        data = parse(text)
        results = encode(data)
        out_file.write(results)
    print( "All done." )
```

Dacă se întâmplă vreun fel de eroare oriunde în acest cod (unul dintre fișiere este inaccesibil, funcția parse() se sufocă cu date corupte etc.), declarațiile „with” garantează că toate fișierele vor fi în cele din urmă închise corect. Închiderea unui fișier înseamnă doar că fișierul este „curățat” și „eliberat” de programul nostru, astfel încât să poată fi utilizat într-un alt program.

GĂSIREA ERORILOT CU TRY

Deci acum aveți programul perfect, rulează impecabil, cu excepția unui detaliu: se va bloca la intrarea nevalidă a utilizatorului. Nu vă temeți, deoarece Python are o structură de control specială pentru dvs. Se numește try și încearcă să facă ceva. Iată un exemplu de program cu o problemă:

```
print("Type Control C or -1 to exit")
number = 1
```

```
while number != -1:
   number = int(input("Enter a number: "))
   print("You entered:", number)
```

Observați cum când introduceți @#& iese ceva de genul:

```
Traceback (most recent call last):
 File "try_less.py", line 4, in <module>
   number = int(input("Enter a number: "))
ValueError: invalid literal for int() with base 10:
'\\@#&'
```

După cum puteți vedea, funcția int() este nemulțumită de numărul @#& (așa cum ar și trebui să fie). Ultima linie arată care este problema; Python a găsit o ValueError. Cum poate programul nostru să facă față acestui lucru? Ceea ce facem este mai întâi: să punem locul unde pot apărea erori într-un bloc try și, în al doilea rând: să spunem lui Python cum vrem să fie tratată ValueErrors. Următorul program face acest lucru:

```
print("Type Control C or -1 to exit")
number = 1
while number != -1:
    try:
        number = int(input("Enter a number: "))
        print("You entered:", number)
    except ValueError:
        print("That was not a number.")
```

Acum, când rulăm noul program și îi dăm @#&, ne spune „Acesta nu a fost un număr”. și continuă cu ceea ce făcea înainte.

Când programul dvs. continuă să aibă o eroare pe care știți cum să o gestionați, puneți codul într-un bloc try și puneți modalitatea de a gestiona eroarea în blocul except.

EXERCIȚII

Actualizați cel puțin programul de numere de telefon (în secțiunea Dicționare) pentru ca acesta să nu se blocheze dacă un utilizator nu introduce date în meniu.

Soluție

```
def print_menu():
        print('1. Print Phone Numbers')
        print('2. Add a Phone Number')
        print('3. Remove a Phone Number')
        print('4. Lookup a Phone Number')
        print('5. Quit')
        print()

numbers = {}
menu_choice = 0
print_menu()
while menu_choice != 5:
        try:
                menu_choice = int(input("Type in a
number (1-5): "))
                if menu_choice == 1:
                        print("Telephone Numbers:")
                        for x in numbers.keys():
                                print("Name: ", x,
"\tNumber:", numbers[x])
                        print()
                elif menu_choice == 2:
                        print("Add Name and Number")
                        name = input("Name: ")
                        phone = input("Number: ")
                        numbers[name] = phone
                elif menu_choice == 3:
                        print("Remove Name and
Number")
                        name = input("Name: ")
                        if name in numbers:
                                del numbers[name]
                        else:
                                print(name, "was not
found")
                elif menu_choice == 4:
                        print("Lookup Number")
                        name = input("Name: ")
                        if name in numbers:
```

```
                                        print("The number
is", numbers[name])
                              else:
                                        print(name, "was not
found")
                    elif menu_choice != 5:
                              print_menu()
          except ValueError:
                    print("That was not a number.")
```

[1] "The 'with' statement"
https://docs.python.org/3.4/reference/compound_stmts.html#the-with-statement
[2] 'The Python "with" Statement by Example'
http://preshing.com/20110920/the-python-with-statement-by-example/

RECURSIVITATEA

Funcții recursive

RECURSIVITATEA

În Python, o funcție recursivă este o funcție care se autoinvocă.

Introducere la recursivitate

Până acum, în Python, am văzut funcții care apelează alte funcții. Cu toate acestea, este posibil ca o funcție să se autoapeleze singură. Să ne uităm la un exemplu simplu.

```
# Program by Mitchell Aikens
# No Copyright
# 2010

num = 0

def main():
    counter(num)

def counter(num):
    print(num)
    num += 1
    counter(num)

main()
```

Dacă ar fi să rulați acest program în IDLE, ar rula pentru totdeauna. Singura modalitate de a opri bucla ar fi să întrerupeți execuția apăsând Ctrl + C de pe tastatură. Acesta este un exemplu de recursivitate infinită. (Unii utilizatori au raportat o eroare în sistemul IDLE actual, care face ca excepția creată de Ctrl + C să înceapă și ea în buclă. Dacă se întâmplă acest lucru, apăsați Ctrl + F6, iar shell IDLE ar trebui să repornească.)

Este discutabil dacă recursivitatea este doar o altă modalitate de a realiza același lucru ca o buclă while. În unele cazuri, acest lucru este absolut corect. Cu toate acestea, există și alte utilizări pentru recursivitate care sunt foarte valide, unde buclele while sau buclele for pot să nu fie optime.

Recursivitatea poate fi controlată, la fel ca buclele. Să ne uităm la un exemplu de buclă controlată.

```
# Program by Mitchell Aikens
# No copyright
# 2012
def main():
    loopnum = int(input("How many times would you
like to loop?\n"))
    counter = 1
    recurr(loopnum,counter)

def recurr(loopnum,counter):
    if loopnum > 0:
        print("This is loop iteration",counter)
        recurr(loopnum - 1,counter + 1)
    else:
        print("The loop is complete.")

main()
```

Cele de mai sus folosesc argumente/parametri pentru a controla numărul de recursiuni. Pur și simplu utilizați ceea ce știți deja despre funcții și urmăriți fluxul programului. Este simplu de înțeles. Dacă întâmpinați probleme, vă rugăm să consultați *Exemplu de funcții avansate*.

APLICAȚII PRACTICE ALE RECURSIVITĂȚII

Adesea, recursivitatea este studiată la un nivel avansat de informatică. Recursivitatea este de obicei folosită pentru a rezolva probleme complexe care pot fi împărțite în probleme mai mici, identice. Recursivitatea nu este necesară pentru a rezolva o problemă. Probleme care pot fi rezolvate cu recursivitate, cel mai probabil pot fi rezolvate cu bucle. De asemenea, o buclă poate fi mai eficientă decât o funcție recursivă. Funcțiile recursive necesită mai multă memorie și resurse decât buclele, ceea ce le face mai puțin eficiente în multe cazuri. Această cerință de utilizare este uneori denumită *overhead*. S-ar putea să vă gândiți: „Ei bine, de ce să vă deranjați cu recursiunea. Voi folosi doar o buclă. Știu deja cum să fac bucla deși aceasta presupune mult mai multă muncă." Acest gând este de înțeles, dar nu în întregime ideal. Când rezolvați probleme complexe, o funcție recursivă este uneori mai ușor, mai rapid și mai simplu de construit și codificat.

Gândiți-vă la aceste două „reguli":

- Dacă pot rezolva problema acum, fără recursivitate, funcția returnează pur și simplu o valoare.
- Dacă nu pot rezolva problema acum fără recursivitate, funcția reduce problema la ceva mai mic și similar și se autoinvocă pentru a rezolva problema.

Să aplicăm aceasta folosind un concept matematic comun, factoriali:

Factorialul unui număr *n*, se notează cu n!.

Iată câteva reguli de bază ale factoriale.

Dacă n = 0 atunci n! = 1 Dacă n > 0 atunci n! = 1 x 2 x 3 x ... x n

De exemplu, să ne uităm la factorialul numărului 9.

9! = 1 x 2 x 3 x 4 x 5 x 6 x 7 x 8 x 9

Să ne uităm la un program care calculează factorialul oricărui număr introdus de utilizator, prin metoda recursivității.

```
def main():
    num = int(input("Please enter a non-negative
integer.\n"))
    fact = factorial(num)
    print("The factorial of",num,"is",fact)

def factorial(num):
    if num == 0:
        return 1
    else:
        return num * factorial(num - 1)
main()
```

INTRODUCERE ÎN PROGRAMAREA ORIENTATĂ PE OBIECTE ÎN PYTHON 3

Bazele OOP (programare orientată pe obiecte)

PROGRAMARE ORIENTATĂ PE OBIECTE

Până acum, programarea pe care ați făcut-o a fost procedurală. Cu toate acestea, o mulțime de programe astăzi sunt orientate pe obiecte. Cunoașterea ambelor tipuri și cunoașterea diferenței este foarte importantă. Multe limbaje importante din informatică, cum ar fi C++ și Java, folosesc adesea metode OOP.

Începătorii și non-programatorii găsesc adesea conceptul de POO confuz și complicat. Acest lucru este normal. Nu te lăsa dezamăgit dacă te chinui sau nu înțelegi. Există o mulțime de alte resurse pe care le puteți folosi pentru a ajuta la depășirea oricăror probleme pe care le puteți avea, dacă acest capitol nu vă ajută.

Acest capitol va fi împărțit în diferite lecții. Fiecare lecție va explica OOP într-un mod diferit, doar pentru a vă asigura că OOP este acoperit cât mai bine posibil, deoarece **ESTE FOARTE IMPORTANT**. Înainte de lecții, există o introducere care explică conceptele cheie, termenii și alte domenii importante ale OOP, necesare pentru înțelegerea fiecărei lecții.

INTRODUCERE

Gândiți-vă la o procedură ca la o funcție. O funcție are un scop specific. Acest scop poate fi colectarea de date, efectuarea de calcule matematice, afișarea datelor sau manipularea datelor către, din sau într-un fișier. De obicei, procedurile folosesc date care sunt separate de cod pentru manipulare. Aceste date sunt adesea transmise între proceduri. Când un program devine mult mai mare și complex, acest lucru poate cauza probleme. De exemplu, ați proiectat un program care stochează informații despre un produs în variabile. Atunci când un client solicită informații despre un produs, aceste variabile sunt transmise diferitelor funcții în scopuri diferite. Mai târziu, pe măsură ce mai multe date sunt stocate pe aceste produse, decideți să stocați informațiile într-o listă sau dicționar. Pentru ca programul dvs. să funcționeze, acum trebuie să editați fiecare funcție care a acceptat variabile, pentru a accepta și manipula o listă sau dicționar. Imaginați-vă timpul care ar dura pentru un program care avea sute de megaocteți și sute de fișiere în dimensiune! Te-ar înnebuni! Ca să nu mai vorbim că erorile din codul dvs. sunt aproape garantate, doar din cauza volumului mare de muncă și a posibilităților de a face o greșeală de tipar sau altă eroare. Acest lucru este mai puțin decât optim. Programarea procedurală este centrată pe proceduri sau funcții. Dar, OOP este centrat pe crearea de obiecte. Vă amintiți cum un program procedural are date separate și codul? Îți amintești cum acel program uriaș era format din sute de fișiere și că ar trebui să fie editat pentru totdeauna? Ei bine, gândiți-vă la un obiect ca la un fel de „combinație" a acelor fișiere și date într-o singură „ființă". În sens tehnic, un Obiect este o entitate care conține date, ȘI proceduri (cod, funcții etc.).

Datele din interiorul unui obiect se numesc *atribut de date*.

Funcțiile sau procedurile din interiorul obiectului sunt numite *metode*.

Gândiți-vă la **atributele datelor** ca la variabile.

Gândiți-vă la **metode** ca la funcții sau proceduri.

Să ne uităm la un exemplu simplu, de zi cu zi. Întrerupătorul de lumină și becul din dormitorul tău. Atributele datelor ar fi următoarele:

- light_on (adevărat sau fals)
- switch_position (sus sau jos)
- electricity_flow (adevărat sau fals)

Metodele ar fi următoarele

- move_switch
- change_electricity_flow

Atributele datelor pot fi sau nu vizibile. De exemplu, nu puteți vedea direct electricitatea care curge către bec. Știi doar că există electricitate, pentru că becul este aprins. Cu toate acestea, puteți vedea poziția comutatorului (switch_position) și puteți vedea dacă lumina este aprinsă sau stinsă (light_on). Unele metode sunt *private*. Aceasta înseamnă că nu le puteți schimba direct. De exemplu, dacă nu tăiați firele din corpul dvs. de iluminat (vă rugăm să nu faceți asta și, de dragul acestui exemplu, presupuneți că nu știți că firele există), nu puteți modifica direct fluxul de electricitate. De asemenea, nu puteți schimba direct dacă lumina este aprinsă sau stinsă (și nu, nu puteți deșuruba becul! lucrați cu mine aici!). Cu toate acestea, puteți schimba indirect aceste atribute folosind *metodele* din obiect. Dacă nu vă plătiți factura, metoda change_electricity_flow va schimba valoarea atributului electricity_flow la FALSE. Dacă apăsați comutatorul, metoda move_switch schimbă valoarea atributului light_on.

Până acum probabil te gândești: „Ce legătură are asta cu Python?" sau, „Înțeleg, dar cum se codifică un obiect?" Ei bine, suntem aproape în acel punct! Încă un concept trebuie explicat înainte de a ne putea cufunda în cod.

În Python, atributele și metodele de date ale unui obiect sunt specificate de o **clasă**. Gândiți-vă la o clasă ca la un plan pentru un obiect. De exemplu, casa dvs. - obiectul în care locuiți - îl puteți numi și pad, bungalou, pătuț sau orice altceva, a fost construit pe baza unui set de planuri; aceste planuri ar fi considerate clasa folosită pentru a vă proiecta casa, patul, pătuțul, ahem, ați înțeles ideea.

Din nou, o clasă ne spune cum să facem un obiect. În termeni tehnici, și acest lucru este important aici, o clasă definește atributele și metodele de date din interiorul unui obiect.

Pentru a crea o clasă, codificăm o *definiție de clasă.* O definiție de clasă este un grup de instrucțiuni care definesc atributele și metodele de date ale unui obiect.

Lecția unu

Mai jos este un program procedural care efectuează calcule matematice simple pe un singur număr, introdus de un utilizator.

```
# Program by Mitchell Aikens
# No Copyright
# 2012

# Procedura 1
def main():
```

```
    try:
        # Obţineţi un număr de manipulat
        num = float(input("Please enter a number to 
manipulate.\n"))
        # Stocaţi rezultatul valorii, după ce a 
fost manipulat
        # de Procedura 2
        addednum = addfive(num)
        # Stocaţi rezultatul valorii, după ce a 
fost manipulat
        # de Procedura 3
        multipliednum = multiply(addednum)
        # Trimiteţi valoarea la Procedura 4
        display(multipliednum)
    # Tratează cu excepţiile de la introducerea 
utilizatorului non-numerică
    except ValueError:
        print("You must enter a valid number.\n")
        # Resetaţi valoarea num, pentru a şterge 
datele non-numerice.
        num = 0
        # Apelaţi main, din nou.
        main()

# Procedura 2
def addfive(num):
    return num + 5

# Procedura 3
def multiply(addednum):
    return addednum * 2.452

# Procedura 4
def display(multi):
    # Display the final value
    print("The final value is ",multi)

# Apelaţi Procedura 1
main()
```

Dacă ar fi să introducem o valoare de „5”, rezultatul ar fi aşa cum se arată mai jos.

```
Please enter a number to manipulate.
5
The final value is  24.52
```

Dacă ar fi să introducem o valoare de „g”, apoi să corectăm intrarea și să introducem o valoare de „8”, rezultatul ar fi așa cum se arată mai jos.

```
Please enter a number to manipulate.
g
You must enter a valid number.

Please enter a number to manipulate.
8
The final value is  31.875999999999998
```

Mai jos, este o clasă și un program care folosește acea clasă. Acest program orientat pe obiecte face același lucru ca și programul procedural de mai sus. Să acoperim câteva concepte importante de codificare OOP înainte de a ne aprofunda în clasă și program. Pentru a crea o clasă, folosim cuvântul cheie class. După cuvântul cheie, tastați numele pe care doriți să-l denumiți pentru clasa. Este o practică obișnuită ca numele clasei dvs. să folosească convenția CapWords. Dacă aș vrea să creez o clasă numită dirtysocks, codul ar fi:

```
class DirtySocks
```

Clasa este afișată mai întâi. Programul care folosește clasa este al doilea.

```
# Filename: oopexample.py
# Mitchell Aikens
# No Copyright
# 2012
# OOP Demonstration - Class

class NumChange:

    def __init__(self):
```

```
        self.__number = 0

    def addfive(self,num):
        self.__number = num
        return self.__number + 5

    def multiply(self,added):
        self.__added = added
        return self.__added * 2.452
```

Programul care folosește clasa de mai sus este mai jos.

```
# Filename: oopexampleprog.py
# Mitchell Aikens
# No Copyright
# 2012
# OOP Demonstration - Program

import oopexample

maths = oopexample.NumChange()

def main():

    num = float(input("Please enter a number.\n"))

    added = maths.addfive(num)

    multip = maths.multiply(added)

    print("The manipulated value is ",multip)

main()
```

După ce te uiți la acel program, probabil că ești puțin pierdut. Asta e ok. Să începem prin a diseca clasa. Clasa se numește „NumChange” Există trei metode pentru această clasă:

- __init__
- addfive
- multiply

Aceste trei metode au fiecare un cod similar.

```
def __init__(self):
def addfive(self,num):
def multiply(self,added):
```

Observați cum fiecare metodă are un parametru numit „self". Acest parametru trebuie să fie prezent în fiecare metodă a clasei. Acest parametru NU TREBUIE să fie numit „self", dar este o practică standard, ceea ce înseamnă că probabil ar trebui să rămâneți cu el. Acest parametru este necesar în fiecare metodă, deoarece atunci când o metodă se execută, trebuie să știe pe ce atribute ale obiectului să opereze. Chiar dacă există un singur obiect, trebuie totuși să ne asigurăm că interpretorul știe că dorim să folosim atributele de date din acea clasă. Așa că jucăm în siguranță... și folosim parametrul „self".

Să ne uităm la prima metodă.

```
def __init__(self):
```

Majoritatea claselor din Python au un __init__ care se execută automat atunci când o instanță a unei clase este creată în memorie. (Când facem referire la o clasă, este creată o instanță [sau obiect] a acelei clase.) Această metodă este denumită în mod obișnuit metoda *de inițializare*. Când metoda se execută, parametrul „self" este atribuit automat obiectului. Această metodă este numită metoda de inițializare deoarece „inițializează" atributele datelor. În metoda __init__, setăm inițial valoarea atributului număr la 0. Facem referire la atributul obiectului folosind notația punct.

```
def __init__(self):
    self.__number = 0
```

Linia self.__number = 0 înseamnă pur și simplu „„„valoarea atributului „number", în obiect, este 0"".

Să ne uităm la următoarea metodă.

```
def addfive(self,num):
    self.__number = num
    return self.__number + 5
```

Această metodă se numeşte „addfive”. Acceptă un parametru numit „num”, din programul care utilizează clasa. Metoda atribuie apoi valoarea acelui parametru atributului „number” din interiorul obiectului. Metoda returnează apoi valoarea „number”, cu 5 adăugat la ea, instrucţiunii care a numit metoda.

Să ne uităm la a treia metodă.

```
def multiply(self,added):
    self.__added = added
    return self.__added * 2.453
```

Această metodă se numeşte „multiply”. Acceptă un parametru numit „added”. Acesta atribuie valoarea parametrului atributului „added” şi returnează valoarea atributului „added” înmulţită cu 2,452, instrucţiunii care a numit metoda.

Observaţi cum numele fiecărei metode începe cu două caractere de subliniere? Să explicăm asta. Mai devreme am menţionat că un obiect operează pe atribute de date din interiorul său folosind metode. În mod ideal, aceste atribute de date ar trebui să poată fi manipulate NUMAI PRIN METODE ÎN OBIECT. Este posibil ca codul exterior să manipuleze atributele datelor. Pentru a „ascunde” atributele, astfel încât numai metodele din obiect să le poată manipula, folosiţi două caractere de subliniere înaintea numelui obiectului, aşa cum am demonstrat. Omiterea acestor două caractere de subliniere în numele atributului permite posibilitatea manipulării din codul din afara obiectului.

Să ne uităm la programul care foloseşte clasa pe care tocmai am disecat-o.

Observaţi prima linie a codului fără comentarii.

```
import oopexample
```

Această linie de cod importă clasa, pe care am salvat-o într-un fişier separat (modul). Clasele nu trebuie să fie într-un fişier separat, dar este aproape întotdeauna cazul şi, prin urmare, este o practică bună să vă obişnuiţi să importaţi modulul acum.

Următoarea linie:

```
maths = oopexample.NumChange()
```

Această linie creează o instanță a clasei NumChange, stocată în modulul numit „oopexample", și stochează instanța în variabila numită „maths". Sintaxa este: *modulename.Classname()* În continuare definim funcția principală. Apoi, primim un număr de la utilizator.

Următoarea linie added = maths.addfive(num) trimite valoarea variabilei „num" la metoda numită „addfive", care face parte din clasa pentru care am stocat o instanță în variabila numită „maths" și stochează valoarea returnată în variabila numită „added".

Următoarea linie multip = maths.multiply(added) trimite valoarea variabilei „added", la metoda numită „multiply", care face parte din clasa pentru care am stocat o instanță în variabila numită „maths", și stochează valoarea returnată în variabila numită „multip".

Următoarea linie afișează „The manipulated value is <value of multip>". Ultima linie apelează funcția principală care execută pașii descriși mai sus.

INTRODUCERE ÎN BIBLIOTECILE IMPORTATE ȘI ALTE FUNCȚII

Funcții de bază din diverse biblioteci.

În acest capitol, vom acoperi câteva funcții din diferite biblioteci importate care sunt căutate frecvent sau utilizate în Python. Acest capitol nu este necesar pentru a înțelege pe deplin elementele de bază ale Python. Acest capitol este menit să arate capacitatea suplimentară a Python, care poate fi utilizată cu ceea ce știți deja despre limbaj.

math

Biblioteca math are multe funcții care sunt utile pentru programele care trebuie să efectueze operații matematice, care nu pot fi realizate folosind operatorii încorporați.

Această secțiune presupune că aveți pregătire matematică până la trigonometrie inclusiv.

Lista următoare arată toate funcțiile din biblioteca math:

- math.ceil
- math.copysign
- math.fabs
- math.factorial
- math.floor
- math.fmod (Nu este cel mai ideal pentru scopul său. Nu va fi explicat.)
- math.frexp (În afara domeniului de aplicare al acestui tutorial. Nu va fi explicat.)
- math.fsum
- math.isfinite
- math.isinf
- math.isnan

- math.ldexp
- math.modf (În afara domeniului de aplicare al acestui tutorial. Nu va fi explicat.)
- math.trunc (În afara domeniului de aplicare al acestui tutorial. Nu va fi explicat.)
- math.exp
- math.expm1
- math.log
- math.log1p
- math.log10
- math.pow
- math.sqrt
- math.acos
- math.asin
- math.atan
- math.atan2
- math.cos
- math.hypot
- math.sin
- math.tan
- math.degrees
- math.radians
- math.acosh
- math.asinh
- math.atanh
- math.cosh
- math.sinh
- math.tanh
- math.erf
- math.erfc
- math.gamma
- math.lgamma
- math.pi
- math.e

Desigur, nu vom acoperi fiecare dintre aceste funcții. Dar vom acoperi o bună parte dintre ele.

Să începem prin a acoperi cele două constante din biblioteca de matematică. math.pi este constanta matematică „π", la precizia disponibilă pe computer. math.e este constanta matematică „e”, la precizia disponibilă pe computer. Iată un exemplu al ambelor constante atunci când sunt introduse în modul interactiv în shell-ul Python.

```
>>> import math
>>> math.e
2.718281828459045
>>> math.pi
3.141592653589793
```

Aceste constante pot fi stocate într-o variabilă la fel ca orice alt număr. Mai jos este un exemplu de astfel de și arată operațiuni simple pe acele variabile.

```
>>> conste = math.e
>>> (conste + 5 / 2) * 2.21
11.532402840894488
>>> constpi = math.pi
>>> (((7 /2.1) % constpi) * 2)
0.38348135948707984
>>>
```

Acum, să ne uităm la funcții. Să începem din partea de sus a listei și să mergem în jos. Unele dintre funcții vor fi omise. În acest moment al tutorialului, ar trebui să puteți să vă uitați la fiecare dintre aceste exemple de urmat și să vă dați seama cu ușurință ce face exemplul. Vor fi furnizate o propoziție simplă sau două despre ceea ce face funcția.

Mai jos este un exemplu pentru fiecare funcție de modul de matematică și modul în care este utilizată. (Excluzând funcțiile menționate mai sus, pentru a nu fi explicate).

```
>>> import math
>>> math.ceil(4.5) ** Rounds the number up to the
nearest non decimal number **
5
>>> math.ceil(4.1)
5
>>> math.copysign(4, -.4)  ** Returns the number x
with the sign of y in the context of (x,y)
-4.0
>>> math.copysign(-4, 4)
```

```
4.0
>>> math.fabs(-44)  ** Return the absolute value of
the number, as a float **
44.0
>>> math.factorial(4)  **  Returns the factorial of
a number **
24
>>> math.floor(4.3)  ** Rounds the number down to
the nearest non decimal number. **
4
>>> math.floor(4.99999)
4
>>> math.fsum([.1,.2,5,45.2,-.054,.4]) **  Returns
the sum of all the numbers in the brackets. Not
always precise **
50.846000000000004
>>> math.isfinite(3) ** Returns True if the value
is neither an infinity nor a NaN. Returns False
otherwise. **
True
```

FAQ

Cum fac o interfață grafică în Python?

Puteți utiliza una dintre aceste biblioteci: TKinter, PyQt, PyGobject. Pentru o grafică cu adevărat simplă, puteți folosi modul grafică turtle, `import turtle`.

Cum fac un joc în Python?

Cea mai bună metodă este probabil să utilizați PyGame de la http://pygame.org/

Cum fac un executabil dintr-un program Python?

Răspuns scurt: Python este un limbaj interpretat, așa că este imposibil. Răspunsul lung este că ceva asemănător cu un executabil poate fi creat luând interpretul Python și fișierul și unindu-le și distribuindu-le. Pentru mai multe despre această problemă, consultați http://www.python.org/doc/faq/programming/#how-can-i-create-a-stand-alone-binary-from-a-python-script

BIBLIOGRAFIE

DataCamp. „Introduction to Python Course | DataCamp”, 2025. https://www.datacamp.com/courses/intro-to-python-for-data-science.

Harrington, Andrew N. „Hands-on Python 3 Tutorial — Hands-on Python Tutorial for Python 3”, 2019. http://anh.cs.luc.edu/python/hands-on/3.1/handsonHtml/index.html.

Python Land. „Welcome To The Python Tutorial”. Python Land, 12 noiembrie 2024. https://python.land/python-tutorial.

Python.org. „Documentation”, 2025. https://docs.python.org/3/.

———. „Python.Org”. Python.org, 15 ianuarie 2025. https://www.python.org/.

———. „The Python Tutorial”. Python documentation, 2025. https://docs.python.org/3/tutorial/index.html.

Regebro, Lennart. „Supporting Python 3: An in-Depth Guide”, 2023. http://python3porting.com/.

SwaroopCH.com. „A Byte of Python”. Notion, 2025. https://python.swaroopch.com/.

Wikibooks. „Subject:Python Programming Language”, 2025. https://en.wikibooks.org/wiki/Subject:Python_programming_language.

DESPRE AUTOR

NICOLAE SFETCU

Asociat şi manager MultiMedia SRL şi editura MultiMedia Publishing.

Partener cu MultiMedia în mai multe proiecte de cercetare-dezvoltare la nivel naţional şi european

Coordonator de proiect European Teleworking Development Romania (ETD)

Membru al Clubului Rotary Bucureşti Atheneum

Co-fondator şi fost preşedinte al Filialei Mehedinţi al Asociaţiei Române pentru Industrie Electronica şi Software Oltenia

Iniţiator, co-fondator şi preşedinte al Asociaţiei Române pentru Telelucru şi Teleactivităţi

Membru al Internet Society (ISOC) şi co-fondator al ISOC România

Co-fondator şi fost preşedinte al Filialei Mehedinţi a Asociaţiei Generale a Inginerilor din România (AGIR)

Inginer fizician - Licenţiat în Ştiinţe, specialitatea Fizică nucleară. Master în Filosofie.

Membru Divizia de Istoria Ştiinţei, Comitetul Român de Istoria şi Filosofia Ştiinţei şi Tehnicii (CRIFST) al Academiei Române

Contact:

Tel./ WhatsApp: +40 745 526 896
Email: nicolae@sfetcu.com

ResearchGate:
https://www.researchgate.net/profile/Nicolae_Sfetcu
PhilPapers: https://philpeople.org/profiles/nicolae-sfetcu
Academia.edu: https://nicolaesfetcu.academia.edu/
Google Scholar:
https://scholar.google.com/citations?user=vAfoBlYAAAAJ
ORCID ID: https://orcid.org/0000-0002-0162-9973

DESPRE EDITURĂ

MULTIMEDIA

*Web design, comerț electronic, alte aplicații web * Localizare software, traduceri engleză și franceză * Articole, tehnoredactare computerizată, secretariat * Powerpoint, Word, PDF, editare imagini, audio, video * Conversie, editare, publicare cărți tipărite și electronice*

Contact:

Email: office@multimedia.com.ro
Website: https://www.telework.ro

Facebook: https://www.facebook.com/multimedia.srl
Twitter: https://twitter.com/multimedia
LinkedIn: https://www.linkedin.com/company/multimedia-srl

www.ingramcontent.com/pod-product-compliance
Lightning Source LLC
LaVergne TN
LVHW010751051026
849532LV00007B/2336
* 9 7 8 6 0 6 0 3 3 9 1 1 3 *